KAWADE
夢文庫

日本最大の私鉄

近鉄 知らなかった凄い話

新田浩之

河出書房新社

カバー・本文写真◉PIXTA
◉フォトライブラリー
図版作成◉原田弘和

巨大な路線網に多様な列車が走る私鉄のトップランナー！◉はじめに

近畿日本鉄道（近鉄）はＪＲ各社を除く鉄道会社のなかで、もっとも長い路線距離を誇る。路線は２府３県（大阪府、京都府、奈良県、三重県、愛知県）に広がり、阪神電気鉄道との相互直通運転により、兵庫県にも乗り入れる。

近鉄の強みは、広範囲を縦横無尽に走る「特急ネットワーク」を形成していることだ。このネットワークをじっくりと観察すると、ＪＲにも勝る点が見えてくる。

また、一般車両（通勤車両）も多種多彩だ。いまなお活躍する古参車両もあれば、最新鋭の技術を搭載した車両もある。筆者は大学で現代史を専攻したからか、各時代のニーズや価値観を盛りこんだ近鉄電車を「動く歴史博物館」のようにも感じる。

本書では、日頃乗っていてもなかなか気づかない点や、知られざるエピソードを通じて、近鉄が織りなす奥深い魅力を掘り起こしてみた。鉄道ファンのみならず、近鉄と、その沿線を愛する多くの方々に楽しんでいただければ幸いである。

執筆においては、近鉄による報道公開での取材で得た知見を大いに参考にさせていただいた。関係者の皆様に厚く御礼を申し上げたい。

新田浩之

日本最大の私鉄　近鉄　知らなかった凄い話／もくじ

2章 近鉄の路線を知る

◉思いがけない発見が次々と！

3章 個性あふれる近鉄特急を知る

◉乗客のあらゆるニーズに応える！

4章 近鉄の車両を知る

◉独創的な名車が続々と登場！

5章 近鉄の運行ダイヤを知る

◉広大な路線網を行き交う工夫あり！

6章 近鉄の駅を知る

◉時代とともに進化し続ける！

7章 近鉄のサービス・施設を知る

◉こんな秘密があったなんて！

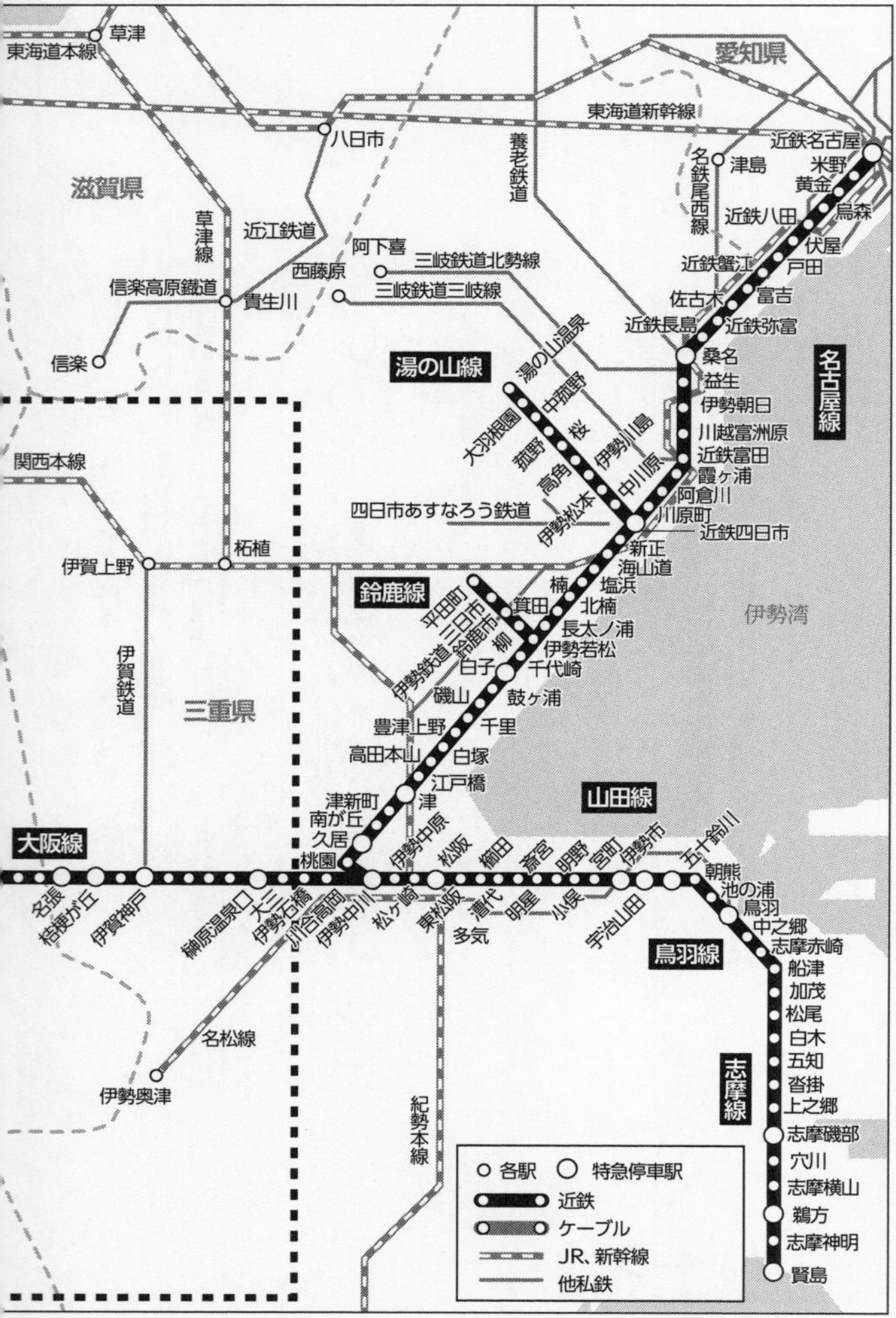

草津
東海道本線
愛知県
東海道新幹線
八日市
近鉄名古屋
養老鉄道
名鉄尾西線
津島
米野
黄金
滋賀県
近鉄八田
烏森
草津線
近江鉄道
伏屋
阿下喜
近鉄蟹江
戸田
三岐鉄道北勢線
西藤原
三岐鉄道三岐線
信楽高原鐵道
貴生川
佐古木
富吉
近鉄長島
近鉄弥富
湯の山温泉
信楽
湯の山線
桑名
名古屋線
益生
中菰野
伊勢朝日
大羽根園
桜
伊勢川島
川越富洲原
菰野
近鉄富田
高角
霞ヶ浦
関西本線
中川原
阿倉川
伊勢松本
四日市あすなろう鉄道
川原町
近鉄四日市
新正
柘植
海山道
伊賀上野
楠
塩浜
鈴鹿線
平田町
箕田
北楠
三日市
鈴鹿市
長太ノ浦
伊勢湾
伊勢鉄道
柳
伊勢若松
白子
千代崎
伊賀鉄道
磯山
鼓ヶ浦
三重県
豊津上野
千里
高田本山
白塚
江戸橋
山田線
津新町
津
南が丘
伊勢中原
五十鈴川
久居
大阪線
松阪
櫛田
斎宮
明野
宮町
伊勢市
朝熊
桃園
池の浦
鳥羽
名張
桔梗が丘
伊賀神戸
榊原温泉口
大三
伊勢石橋
川合高岡
伊勢中川
松ヶ崎
東松阪
漕代
明星
小俣
宇治山田
中之郷
志摩赤崎
多気
鳥羽線
船津
加茂
松尾
白木
五知
沓掛
上之郷
名松線
伊勢奥津
志摩線
志摩磯部
穴川
紀勢本線
志摩横山
鵜方
志摩神明
賢島
各駅
特急停車駅
近鉄
ケーブル
JR、新幹線
他私鉄

近畿日本鉄道路線図

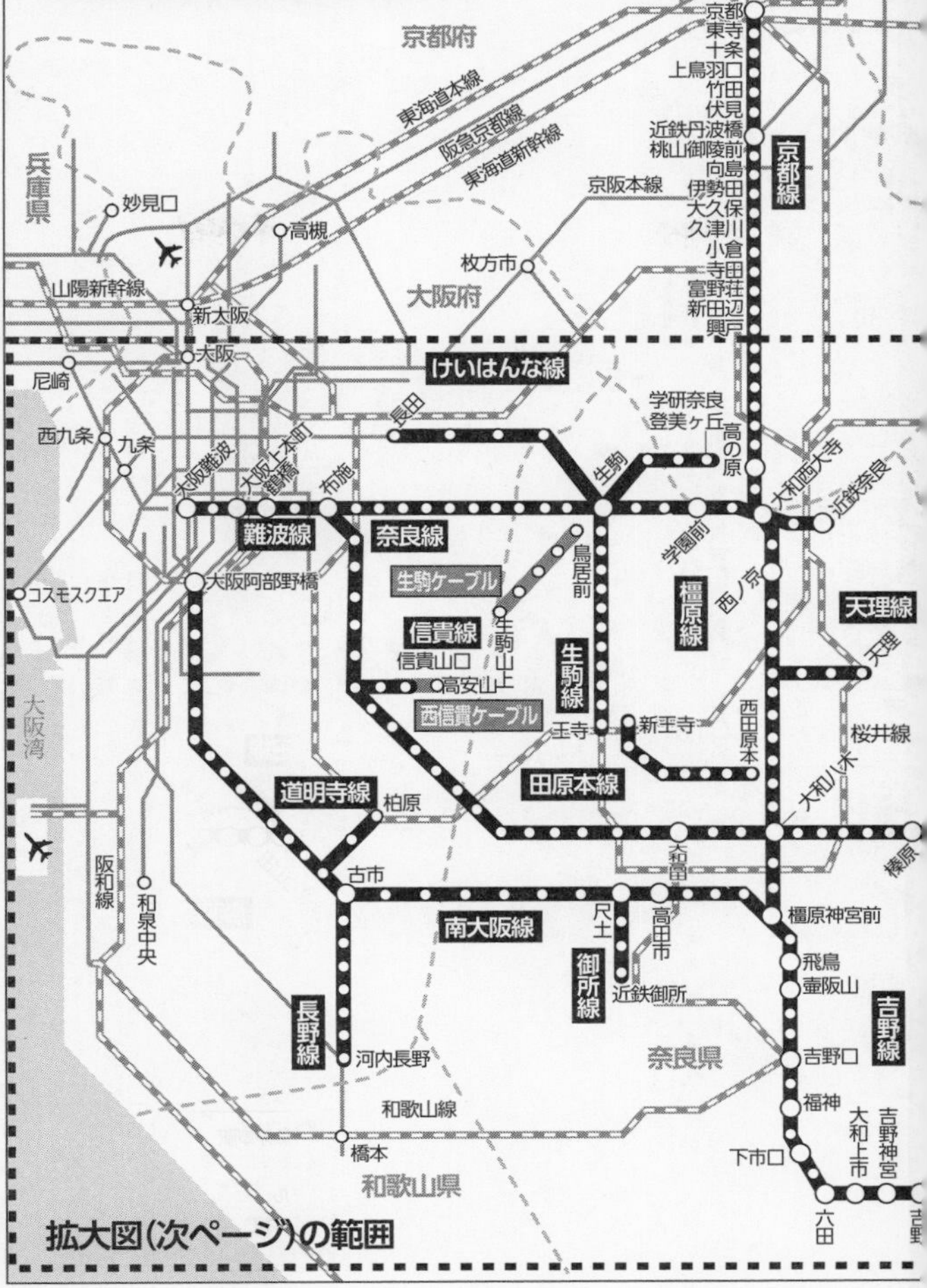

国際会館
地下鉄烏丸線
草津
京都府
京都
東寺
十条
上鳥羽口
竹田
伏見
近鉄丹波橋
桃山御陵前
向島
伊勢田
大久保
久津川
小倉
寺田
富野荘
新田辺
興戸
京都線
東海道本線
阪急京都線
東海道新幹線
京阪本線
兵庫県
妙見口
高槻
枚方市
大阪府
山陽新幹線
新大阪
大阪
けいはんな線
尼崎
学研奈良登美ヶ丘
高の原
長田
西九条
九条
大阪難波
大阪上本町
鶴橋
布施
生駒
大和西大寺
近鉄奈良
難波線
奈良線
学園前
鳥居前
生駒ケーブル
大阪阿部野橋
西ノ京
橿原線
天理線
コスモスクエア
信貴線
生駒山上
信貴山口
高安山
天理
生駒線
西信貴ケーブル
大阪湾
玉寺
新王寺
西田原本
桜井線
大和八木
田原本線
道明寺線
柏原
大和高田
阪和線
和泉中央
古市
橿原
尺土
高田市
橿原神宮前
南大阪線
飛鳥
御所線
近鉄御所
壺阪山
長野線
吉野線
奈良県
吉野口
河内長野
福神
和歌山線
大和上市
吉野神宮
下市口
橋本
和歌山県
六田
拡大図(次ページ)の範囲

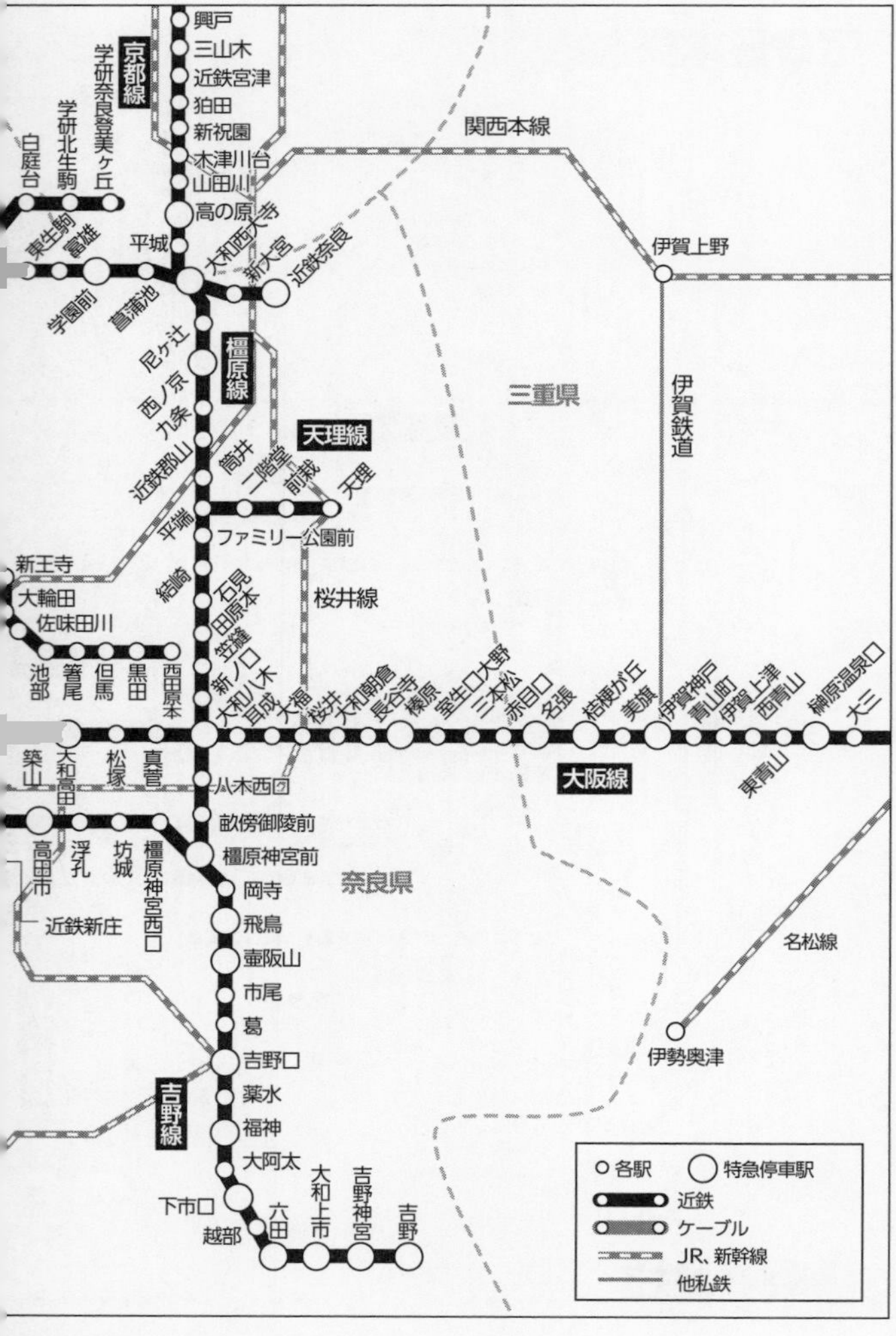
京都線
興戸
三山木
近鉄宮津
狛田
新祝園
木津川台
山田川
高の原
平城
大和西大寺
新大宮
近鉄奈良
学研奈良登美ヶ丘
学研北生駒
白庭台
東生駒
富雄
学園前
菖蒲池
関西本線
伊賀上野
尼ヶ辻
西ノ京
九条
橿原線
近鉄郡山
天理線
筒井
二階堂
前栽
天理
三重県
伊賀鉄道
平端
ファミリー公園前
結崎
石見
田原本
笠縫
新ノ口
大和八木
桜井線
新王寺
大輪田
佐味田川
池部
箸尾
但馬
黒田
西田原本
耳成
大福
桜井
大和朝倉
長谷寺
榛原
室生口大野
三本松
赤目口
名張
桔梗が丘
美旗
伊賀神戸
青山町
伊賀上津
西青山
榊原温泉口
大三
東青山
大阪線
築山
大和高田
松塚
真菅
八木西口
畝傍御陵前
橿原神宮前
高田市
浮孔
坊城
橿原神宮西口
近鉄新庄
奈良県
岡寺
飛鳥
壷阪山
市尾
葛
吉野口
薬水
福神
大阿太
吉野線
名松線
伊勢奥津
下市口
越部
六田
大和上市
吉野神宮
吉野
各駅
特急停車駅
近鉄
ケーブル
JR、新幹線
他私鉄

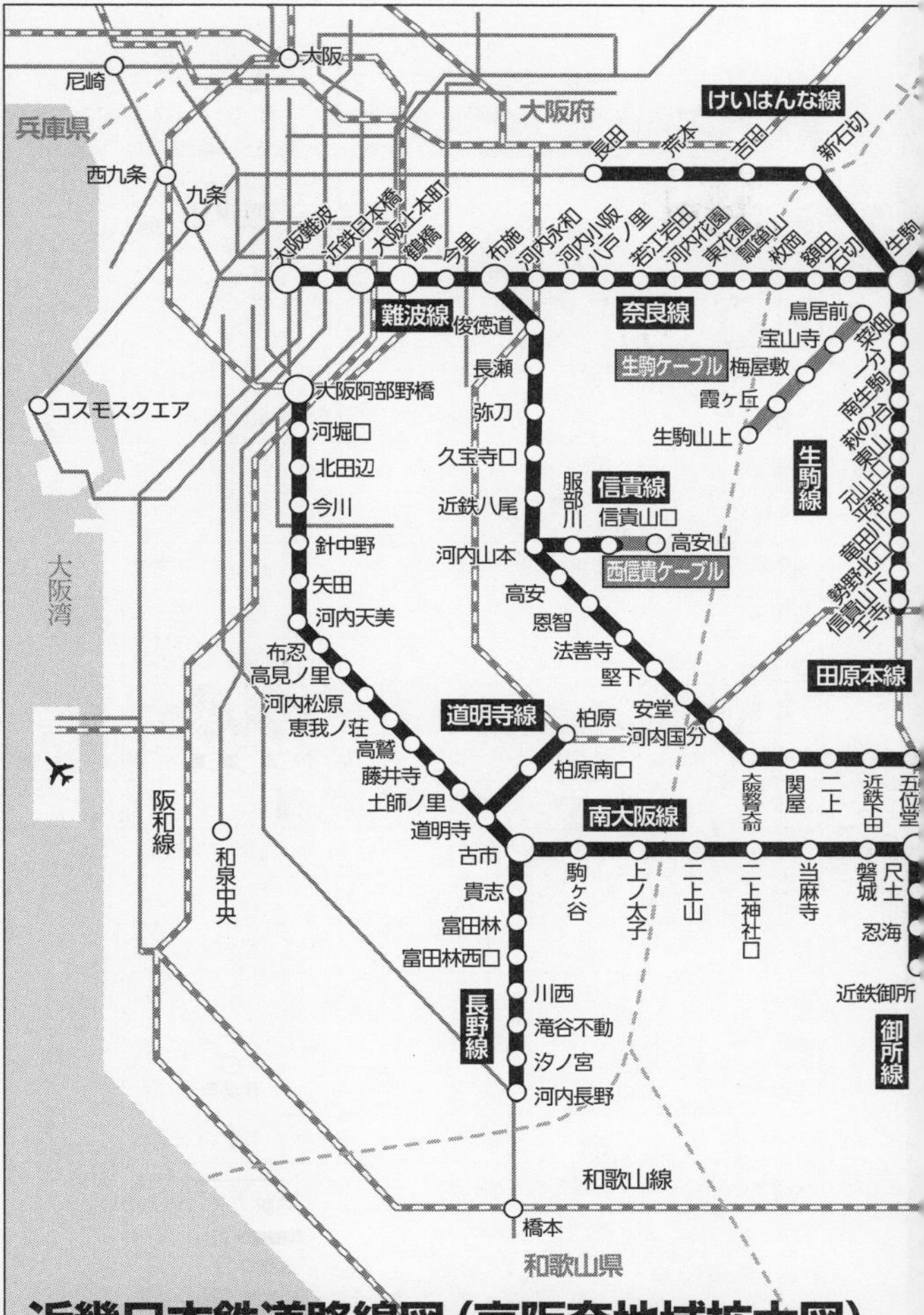

近畿日本鉄道路線図（京阪奈地域拡大図）

●23路線のプロフィール●

路線名	路線記号	区間	距離	駅数	軌間	開業日
難波線	A	大阪上本町～大阪難波	2.0km	3	1,435mm	1970年3月15日
奈良線	A	布施～近鉄奈良	26.7km	19	1,435mm	1914年4月30日
京都線	B	京都～大和西大寺	34.6km	26	1,435mm	1928年11月3日
橿原線	B	大和西大寺～橿原神宮前	23.8km	17	1,435mm	1921年4月1日
けいはんな線	C	長田～学研奈良登美ヶ丘	18.8km	8	1,435mm	1986年10月1日
大阪線	D	大阪上本町～伊勢中川	107.6km	48	1,435mm	1914年4月30日
名古屋線	E	伊勢中川～近鉄名古屋	78.8km	44	1,435mm	1915年9月10日
南大阪線	F	大阪阿部野橋～橿原神宮前	39.7km	28	1,067mm	1898年3月24日
吉野線	F	橿原神宮前～吉野	25.2km	16	1,067mm	1912年10月25日
生駒線	G	王寺～生駒	12.4km	12	1,435mm	1922年5月26日
天理線	H	平端～天理	4.5km	4	1,435mm	1915年2月7日
田原本線	I	新王寺～西田原本	10.1km	8	1,435mm	1918年4月26日
信貴線	J	河内山本～信貴山口	2.8km	3	1,435mm	1930年12月25日
湯の山線	K	近鉄四日市～湯の山温泉	15.4km	10	1,435mm	1913年6月1日
鈴鹿線	L	伊勢若松～平田町	8.2km	5	1,435mm	1925年12月20日
山田線	M	伊勢中川～宇治山田	28.3km	14	1,435mm	1930年3月27日
鳥羽線	M	宇治山田～鳥羽	13.2km	5	1,435mm	1969年12月15日
志摩線	M	鳥羽～賢島	24.5km	16	1,435mm	1929年7月23日
道明寺線	N	道明寺～柏原	2.2km	3	1,067mm	1898年3月24日
長野線	O	古市～河内長野	12.5km	8	1,067mm	1898年4月14日
御所線	P	尺土～近鉄御所	5.2km	4	1,067mm	1930年12月9日
生駒ケーブル	Y	鳥居前～生駒山上	2.0km	5	1,067mm	1918年8月29日
西信貴ケーブル	Z	信貴山口～高安山	1.3km	2	1,067mm	1930年12月15日

*駅数は分岐駅を含む

1章

◉普段はなかなか気づかないけど…

近鉄の
ここが凄い!

複雑な歴史を歩んで巨大な路線網が誕生！　◉近鉄の凄さ❶

近畿日本鉄道（近鉄）は民鉄最長の営業距離を誇る。それだけに、その歴史も複雑だ。多くの鉄道会社との合併をくり返し、現在の巨大ネットワークを築き上げたといえる。詳細に書けば書くほど、把握することが難しくなる。さまざまな説明方法があると思うが、本書では３つの幹を意識して説明したい。

まず、近鉄の「本流」は大阪電気軌道（大軌）、そして「傍流」にあたるのが大阪鉄道（大鉄）と伊勢電気鉄道である。

大軌は１９１０（明治43）年に設立されたが、当初の社名は奈良軌道であった。「奈良軌道」という社名からわかるとおり、大軌は大阪と奈良のあいだに電気鉄道を通すことが最初の目的だった。

先行開業していた現在のＪＲ関西本線が生駒山地を迂回するルートだった一方、大軌は生駒山地を貫くルートを選択。全長３３８８メートルの生駒トンネルを開通させたうえで１９１４（大正３）年に上本町（現・大阪上本町）～奈良間が開業した。これが現在の奈良線である。

また、大軌は奈良線沿線から橿原神宮を目指すべく、1923（大正12）年までに現在の橿原線を全通させている。大阪線も大軌の手によって開業した。1929（昭和4）年に上本町～桜井間が開通している。

さらに、大軌は積極的に小私鉄を傘下に置いた。現在の天理線や吉野線、生駒ケーブルなども1930（昭和5）年までに大軌の路線となっている。現在の田原本線を運営し、伊勢方面への延伸をもくろんでいた大和鉄道も、1925（大正14）年に大軌の傘下に入っている。

そして、大軌は伊勢方面への延伸に挑戦した。しかし、名張以東は人口が少ない地域を走ることから、子会社の「参宮急行電鉄」を設立。参宮急行は1930年までに桜井～山田（現・伊勢市）間を開業させ、上本町からの直通列車を運行した。1941（昭和16）年に大阪電気軌道と参宮急行電鉄は合併し、「関西急行鉄道」となる。

大軌は「本流」ではあるが、じつは近鉄最古というわけではない。奈良線開業よりも16年早い1898（明治31）年に柏原～道明寺～古市間が河陽鉄道の手によって開業した。これこそが近鉄最古の路線である。

しかし、河陽鉄道は経営難により1899（明治32）年に河南鉄道に経営譲渡し、のちに河南鉄道は「大阪鉄道」に改称した。大阪鉄道は1929年までに現在の南大阪線、長野線を全通させている。その大阪鉄道も、1943（昭和18）年に関西急行鉄道に吸収合併された。

現在の名古屋線の原型となるのが、近鉄の「傍流」の1つにあたる「伊勢電気鉄道」である。伊勢電気鉄道は1911（明治44）年に創立された（創立時の社名は伊勢鉄道）。

もともとは津と四日市を結ぶことを目的とし、1922（大正11）年に津市駅と新四日市駅（現在は両駅とも廃駅）が結ばれた。その後、伊勢電気鉄道は名古屋延伸を目指したが、積極投資があだとなり経営難に。1936（昭和11）年に大軌系列の参宮急行電鉄に合併されてしまう。

残った桑名～名古屋間を開業するべく、1936年に「関西急行電鉄」（1941年に大軌と参宮急行が合併して設立された関西急行鉄道とは別会社）を設立。1938（昭和13）年に名古屋延伸を果たし、こちらも1940（昭和15）年に参宮急行電鉄に合併された。

さて、関西急行鉄道は国策により、1944（昭和19）年に南海鉄道と合併し、社名を「近畿日本鉄道」とした。つまり、南海の合併を機に「近鉄」の社名が生ま

●近畿日本鉄道「合併と分離」の歴史●

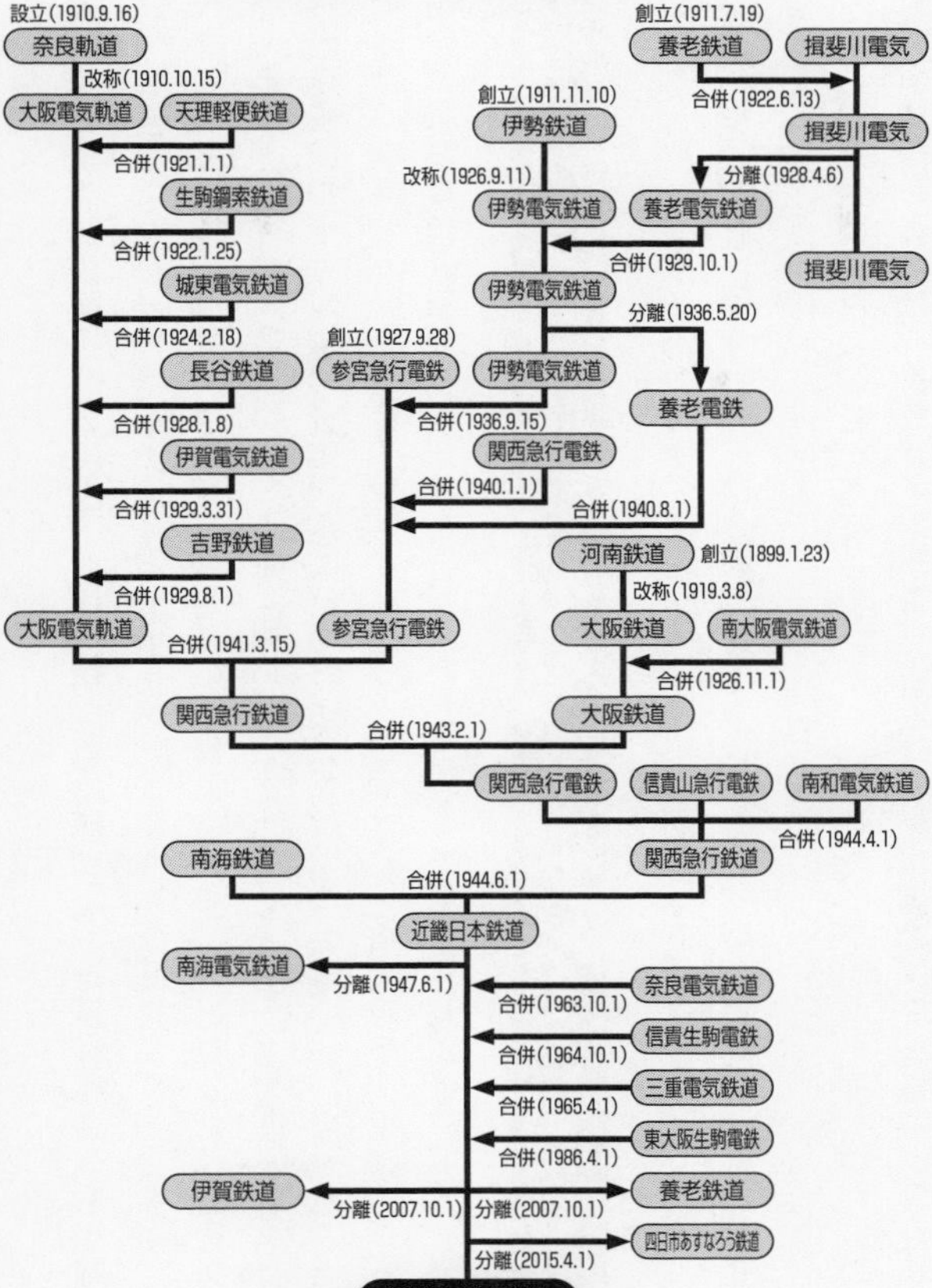
設立(1910.9.16)
奈良軌道
改称(1910.10.15)
大阪電気軌道
天理軽便鉄道
合併(1921.1.1)
生駒鋼索鉄道
合併(1922.1.25)
城東電気鉄道
合併(1924.2.18)
長谷鉄道
合併(1928.1.8)
伊賀電気鉄道
合併(1929.3.31)
吉野鉄道
合併(1929.8.1)
大阪電気軌道
創立(1911.7.19)
養老鉄道
揖斐川電気
合併(1922.6.13)
揖斐川電気
分離(1928.4.6)
養老電気鉄道
揖斐川電気
創立(1911.11.10)
伊勢鉄道
改称(1926.9.11)
伊勢電気鉄道
合併(1929.10.1)
伊勢電気鉄道
分離(1936.5.20)
創立(1927.9.28)
参宮急行電鉄
伊勢電気鉄道
養老電鉄
合併(1936.9.15)
関西急行電鉄
合併(1940.1.1)
合併(1940.8.1)
河南鉄道
創立(1899.1.23)
改称(1919.3.8)
参宮急行電鉄
合併(1941.3.15)
大阪鉄道
南大阪電気鉄道
合併(1926.11.1)
関西急行鉄道
大阪鉄道
合併(1943.2.1)
関西急行電鉄
信貴山急行電鉄
南和電気鉄道
合併(1944.4.1)
南海鉄道
関西急行鉄道
合併(1944.6.1)
近畿日本鉄道
南海電気鉄道
分離(1947.6.1)
奈良電気鉄道
合併(1963.10.1)
信貴生駒電鉄
合併(1964.10.1)
三重電気鉄道
合併(1965.4.1)
東大阪生駒電鉄
合併(1986.4.1)
伊賀鉄道
養老鉄道
分離(2007.10.1)
分離(2007.10.1)
四日市あすなろう鉄道
分離(2015.4.1)
近畿日本鉄道

れたのだ。

戦後の1947(昭和22)年、南海は近鉄から分離独立。近鉄はその後も小私鉄を次々に合併していく。そして、1965(昭和40)年に三重電気鉄道と合併。このときに現在の湯の山線、志摩線、四日市あすなろう鉄道、三岐(さんぎ)鉄道北勢(ほくせい)線が近鉄の路線となった。

平成以降はローカル線の分離が進んだ。今後は新線工事のさいに設立される会社を合併するケース、たとえば東大阪線建設時に設立された東大阪生駒電鉄のような例を除き、既存の鉄道会社の合併を行なうことはないと考えられる。

個性豊かな車両がズラリの特急ネットワーク!◎近鉄の凄さ❷

501キロメートルの近鉄ネットワークを自在に走りまわる近鉄特急だが、「しまかぜ」や「あをによし」といった観光特急を含めると、特急車両の区分けは意外と難しい。

しかし、近鉄特急車の区分を理解しないと、近鉄特急の全貌を把握しづらいのも事実である。ここでは、近鉄サイドから見た近鉄特急車両の区分を見ていきたい。

近鉄では特急車両を4つのカテゴリーに分けている。その4つとは「名阪特急」「伊勢特急」「汎用特急」「観光・団体」である。

「名阪特急」はずばり80000系「ひのとり」だ。「ひのとり」は大阪難波駅と近鉄名古屋駅を結ぶ最速達列車である。「ひのとり」に使われる80000系は2020（令和2）年にデビューし、近鉄特急のフラッグシップとして活躍している。

「名阪特急」と並び、近鉄特急の目玉となるのが大阪・名古屋から伊勢志摩へ向かう「伊勢特急」だ。1994（平成6）年に誕生した23000系伊勢志摩ライナー、2013（平成25）年生まれの50000系観光特急「しまかぜ」が該当する。

いずれも、伊勢志摩へ向かうこともあり、観光客を強く意識した内装となっている。とくに「しまかぜ」は2階建てのカフェ車両や座席の前後間隔が125センチメートルのプレミアムシートなど、全国を見渡してもハイレベルな特急車両だ。

3つめは「汎用特急」だ。「名阪特急」「伊勢特急」と比較すると地味ではあるが、近鉄特急を根底から支えている存在だ。「ひのとり」登場前は近鉄特急のフラッグシップであった「アーバンライナー」シリーズや2階建て車両「ビスタEX」も汎用特急、もちろん1992（平成4）年登場の22000系「ACE」や2009（平成21）年登場の22600系「Ace」も汎用特急に該当する。

多種多様な車両で走る近鉄特急❶

ひのとり

デビュー:2020年
形式:80000系

「くつろぎのアップグレード」をコンセプトに掲げた最新型特急。車両には日本で初めて全席にバックシェルを設置している。先頭と最後部の「プレミアム車両」は3列シート、ハイデッカー構造となっており、眺望をより楽しむことができる。

しまかぜ

デビュー:2013年
形式:50000系

2013年の伊勢神宮式年遷宮にあわせて、伊勢志摩地域の活性化を推進するための次世代新型特急として登場。大型テーブルを備えたサロン席、和風・洋風個室などバリエーション豊かな客室や、近鉄伝統のカフェ車両が特徴。

伊勢志摩ライナー

デビュー：1994年
形式：23000系

志摩スペイン村の開業にあわせて、「伊勢志摩リゾート」への旅のシンボルとなる特急として登場。民鉄初の最高時速130kmで運転を開始した。2012年に車両のリニューアルを行ない、現在は赤色と黄色の2種類のカラーリングで運行している。

アーバンライナーplus

デビュー：1988年
愛称：21000系

名阪ノンストップ特急「アーバンライナー」として営業運転を開始。それまでの鉄道車両の常識に捉われない車両デザインやコンセプトは、他社にも大きな影響を与えた。更新改造のうえ、現在は「アーバンライナーplus」と称している。

多種多様な車両で走る近鉄特急❷

アーバンライナーnext

デビュー：2002年
形式：21020系

21000系「アーバンライナー」の大規模改修時による車両不足解消を目的として製造された車両を使用。21000系を継承しつつも、より親しみを感じさせるデザインとなった。また、全席禁煙とし、女性用化粧室も設置された。

ビスタEX

デビュー：1996年
形式：30000系

1978年、2階建て車両「ビスタ・カー3世」としてデビューした30000系をリニューアル。2階席の側窓は曲面ガラスを用い、高さを拡大している。スタイリッシュなツートンカラーをまとって、誕生から40年以上たった現在も活躍中。

ACE（エース）

デビュー：1992年
形式：22000系

新型の汎用特急として運行を開始。車体は丸みを帯びたデザインが特徴。2015年にリニューアルを行ない、内装・外装を一新。カラーリングは、クリスタルホワイトをベースにブライトイエローとゴールドを加えたものに変更された。

Ace（エース）

デビュー：2009年
形式：22600系

12200系の置き換え用として2009年に登場した新型汎用特急車両。22000系「ACE」を元とした丸みを帯びた前面形状、拡大された側面窓、シングルアームパンタグラフなど、新しいデザイン要素を豊富に盛りこんでいる。

多種多様な車両で走る近鉄特急③

さくらライナー

デビュー：1990年
形式：26000系

吉野・大和路方面への観光向け特急。車両は大型の前面および側面窓を採用して展望性を高め、外部塗色にグラデーションカラーの帯を採用した。2011年にリニューアルを行ない、南大阪線・吉野線では初となるデラックスカーを導入。

青の交響曲（シンフォニー）

デビュー：2016年
形式：16200系

大阪阿部野橋駅と吉野駅を結ぶ観光特急。車両は過去に使用していた一般車両6200系を改造したもの。“上質な大人旅”をコンセプトとし、広々とした座席、高級感のあるラウンジ、バーカウンターなどを備える。

あをによし

デビュー：2022年
形式：19200系

大阪・奈良・京都の三都を乗り換えなしで結ぶ観光特急。車両は特急車両の12200系を改造したもので、天平時代の高貴な色とされる紫色の塗装や、古都・奈良をイメージさせる天平文様などのデザインを多用した内外装になっている。

楽（らく）

デビュー：1990年
形式：20000系

1990年に運転を開始した、4両1編成のみの団体専用列車。2020年に全面リニューアルを行ない、外装を漆の色をモチーフとした「漆メタリック」に一新。両先頭車両にソファに座ってパノラマビューを楽しめるスペースも設置された。

「アーバンライナー」シリーズはおもに停車駅が多いタイプの名阪特急の運用に就く。「ビスタＥＸ」は大阪・名古屋〜伊勢志摩間のほかに、京都〜奈良・橿原神宮前間、大阪〜奈良間にも使用されるなど、大車輪の活躍を見せている。

最後に紹介するのが「観光・団体」。これに該当するのは１６２００系観光特急「青の交響曲（シンフォニー）」、１９２００系観光特急「あをによし」、団体専用車両の２００００系「楽」などだ。このうち、「青の交響曲」と「あをによし」は、ともに昭和生まれの車両を改造した観光列車であり、元の車両を思い出すことができないほどの素晴らしい仕上がりとなっている。

「楽」は団体専用車両ということもあり、ふだんの利用では乗車することは難しい。しかし、あきらめるのはまだ早い。近鉄では団体専用車両を使った旅行ツアーをひんぱんに開催している。また、「楽」は予約不要の臨時列車に使われることもあり、そのさいは一般客でも気軽に利用できる。

以上、４つのカテゴリーを紹介したが、注意すべき点は「カテゴリーが不変ではない」ということだ。２０２０年3月の「ひのとり」デビュー前は、「名阪特急」に該当するのは「アーバンライナー」シリーズだった。今後、どの車両がどのカテゴリーに入るのだろうか。

技術革新の蓄積でスピードアップを実現！◉近鉄の凄さ❸

現在、国内の在来線において、もっとも速いのは京成電鉄が運行する成田空港アクセス特急「スカイライナー」だ。最高速度は時速160キロにもなる。

さすがの近鉄特急も、時速160キロを出す列車はない。しかし、近鉄は長年にわたり、スピードアップに挑戦し続けてきた鉄道会社なのだ。何を隠そう、私鉄のなかで、初めて時速130キロ運転を達成したのである。

21000系「アーバンライナー」が登場した1988（昭和63）年以前の近鉄特急の最高速度は時速110キロ。この最高時速は参宮急行（17ページ参照）時代の1931（昭和6）年から不変であった。

しかし、その裏では1969（昭和44）年に登場した12200系「新スナックカー」から、時速120キロへの挑戦が始まっていたのである。

鉄道の世界では一般的に、スピードを上げるさいにはブレーキ力が問題となる。現在も「鉄道に関する技術上の基準を定める省令」にもとづく「解釈基準」として「新幹線以外の鉄道における非常制動による列車の制動距離は、600メートル以下を標準とすること」が定められている。

つまり、スピードを上げるさいには、ブレーキ力を強くする必要があるのだ。しかし、最高速度から速度を落とすさいに、急ブレーキをかけることはご法度（はっと）。速度によってブレーキ力を適切な値にすることも重要で、そうそう単純な話ではない。

１２２００系ではブレーキ方式の変更により、ブレーキ力の強化が図られた。登場時こそ実現することはできなかったものの、将来の時速１２０キロ運転への準備はすでに済ませていたといえる。

１９８６（昭和61）年、近鉄はようやく最高時速１２０キロ運転を目指し、１２２００系・１２４１０系を用いた「速度向上試験」を実施する。そして、安全性の向上が確認され、「アーバンライナー」の登場を機に時速１２０キロ運転が実現した。

近鉄がつぎに目指したのが、最高時速１３０キロである。１９９１（平成３）年に「アーバンライナー」と１２２００系を用いて、時速１３０キロ運転に向けた走行試験が行なわれた。

この試験ではブレーキ力を強化するために、車両に「滑走（かっそう）防止装置」を設置。最高速度１３０キロ、並びにカーブやポイントでの速度向上を目指した試験において、その安全性を確認した。

最高時速120キロ運転を想定して設計された12200系

私鉄初の最高時速130キロ運転を実施した23000系

そして、1994（平成6）年に登場した23000系「伊勢志摩ライナー」にて、最高時速130キロを達成。現在では「ひのとり」と「アーバンライナー」においても時速130キロ運転となっている。なお、12200系も時速130キロは無理にしても、時速120キロ運転を実現した。

これ以降、最高時速の向上は実現していない。筆者個人の意見としては時速130キロでも十分速いので現状に満足しているが、読者のみなさんはいかがだろうか。

ロングにクロスに、切り替え自在。「座席転換車両」の元祖！ ◉近鉄の凄さ❹

近年は関東の大手私鉄でも、クロスシート・ロングシートを自由自在に変えられる座席転換車両を見ることができる。この座席転換車両、採用は関東のほうが早いように思われるが、じつは元祖は近鉄である。

初めて座席転換を本格採用したのは、1997（平成9）年登場の5800系だ。運転室にあるスイッチを押すと、ロングシートからクロスシートへは約40秒、クロスシートからロングシートへは約60秒で全車両の座席を転換できる。

また、車両の端（はし）にあるスイッチを使えば、1両単位での転換も可能だ。さらに、クロスシート時は自動でも手動でも座席を180度回転できる。つまり、自分で座席を向かい合わせにできるということだ。

5800系の愛称は「ロングシート」「クロスシート」の頭文字から「L/Cカー」と名付けられた。また、座席は「デュアルシート」と命名された。

この「L/Cカー」が登場した背景には、長年にわたって近鉄が抱えていた悩みがあった。当時、近鉄の急行には4人掛けボックスシートの2610系、3扉転換クロスシートの5200系が使われていた。

しかし、どちらもロングシートと比較すると、朝夕ラッシュ時には適しておらず、とくに固定クロスシートの2610系は時代のニーズに合っていなかった。そのため、2610系はロングシート化が進められていたのである。

そうはいっても、ラッシュ時はたしかにロングシートが向いているが、長距離輸送を考えるとクロスシートも捨てがたい。そこで、近鉄では「ロングシートにもクロスシートにもなる車両」の開発を進め、1996（平成8）年にデュアルシートの試作車2610系4両編成が登場した。

ここで予想以上の反響が得られ、大阪線・奈良線に5800系「L/Cカー」が投入される運びになったのである。

デュアルシートを本格的に採用した5800系

混雑時は6人掛けのロングシートになる

鉄道業界では、新機能が採用されても、その車両限りということが往々にしてあるものだが、このデュアルシートは「シリーズ21（トゥエンティワン）」の5820系でも採用された。また、2024（令和6）年秋に投入される新型車両（38ページ参照）の座席もデュアルシートが採用される。

実際にデュアルシートに座ってみると、座り心地がとてもいい。とくにロングシート時でも、まくら付きの座席であることが嬉しい。これからもデュアルシートを採用しつつ、進化してほしいものだ。

新幹線に負けない「快適な乗り心地」へのこだわり！◉近鉄の凄さ⑤

筆者は東海道新幹線、近鉄特急ともに愛用しているが、近鉄特急の座席のほうが快適度で勝っているように感じる。参考までに、N700S系の普通車の座席間隔は1040ミリメートル、中央座席以外の座席幅は440ミリ。グリーン車は座席間隔が1160ミリ、座席幅は480ミリとなる。

観光特急は別にして、近鉄特急で座席の快適度の観点から特筆すべき車両は21020系「アーバンライナーnext」と80000系「ひのとり」である。「アーバンライナーｎｅｘｔ」は２１０００系「アーバンライナー」がリニューアル工事に入る期間に、その不足分を補うために登場した。登場年は２００２（平成14）年である。

「アーバンライナーｎｅｘｔ」では、新たに「ゆりかご形シート」を導入した。通常のリクライニングシートは、背もたれを倒すと前滑りしてしまうが、「ゆりかご形シート」は背もたれを倒すと同時に座面後方が連動して沈む。この仕掛けにより、利用者は座席に包みこまれるような感覚を覚える。

「ゆりかご形シート」のアイデアは、近鉄特急の転換点から生まれた産物といってもよい。当時の近鉄特急では、車内販売が廃止される代わりに、駅でのＤＶＤレンタルサービスが開始されるなど、以前と比較して座席にじっくりと座る時間が長くなっていた。そのなかで、いかに快適に座り心地を楽しんでもらうか、という観点から「ゆりかご形シート」が生まれたのだろう。

「ゆりかご形シート」は、のちに登場する近鉄特急の標準装備となった。東海道新幹線では２０２０（令和２）年に登場したＮ７００Ｓでようやく、普通車にも座面が沈みこむシートが導入された。

続いて、２０２０年登場の８００００系「ひのとり」である。「ひのとり」といえば、日本で初めて全座席の後方に「バックシェル」と呼ばれる覆(おお)いが取り付けられた。バックシェルを設置したことにより、後方の利用者に気兼(きが)ねなく背もたれを倒すことができるようになった。

やはり、名阪間は2時間を要することもあり、利用者から後方客に気兼ねなく背もたれを倒すことができる座席開発を望む声が多かったという。

バックシェル自体はJR東日本の新幹線車両の「グランクラス」にはあるが、東海道新幹線には存在しない。筆者も幾(いく)度(ど)となく「ひのとり」を利用したが、やはり思いきり背もたれを倒せるのは本当に助かる。

座席間隔・座席幅もすごい。グリーン

「ひのとり」のプレミアムシート

車席にあたる「プレミアムシート」の座席間隔は1300ミリ、座席幅は500ミリ。普通車席にあたる「レギュラーシート」は座席間隔が1160ミリだ。単純に寸法で比較すると、N700Sよりも「ひのとり」のほうが快適なのだ。また、「プレミアムシート」は電動リクライニングシートで、ヒーターもある。

「アーバンライナー」や「ひのとり」に乗るたびに、「このまま東京まで行ってくれないかなあ」と思うのは、きっと筆者だけではないだろう。

日本初のアイデアも！ 待望の新型一般車両が登場！ ◉近鉄の凄さ⑥

近鉄は鉄道会社として、ある「弱み」を持っている。それは20年以上にわたり、一般車両の新車が登場していないことだ。既存車両をリニューアルするなど快適性アップに努めているが、新車が欲しいと思っている沿線住民は多いに違いない。

そんな近鉄に2024（令和6）年秋、新型一般車両が登場する。最初の投入路線は奈良線、京都線、橿原線、天理線とのことだ。おそらく西大寺（さいだいじ）車庫の所属となるのだろう。

では、新車の概要を見ていこう。外観は赤色がより明るくなり、側面はホワイトがメインカラーとなる。「シリーズ21」では塗装を大きく変えたが（98ページ参照）、今回の新車は赤色を継承しつつ、アップグレードする感じだ。

車内は近鉄ご自慢のロングシート・クロスシート転換の「L／Cシート」を採用。車内の混雑度により、最適な座席レイアウトにする。「L／Cシート」だけでも十分にインパクトがあるが、さらに日本初の設備「ベビーカー・大型荷物対応スペース」を1両につき2か所に設置予定だ。

近年、訪日観光客の増加により、通勤電車でのスーツケースの扱いに鉄道各社は頭を悩ませている。成田空港にアクセスする京成電鉄も、座席の一部が荷物置き場になるロングシート車両を導入した。

一方、近鉄の「ベビーカー・大型荷物対応スペース」はひと味違う。単に荷物が置けるだけでなく、ちゃんと着席もできるようになっているのだ。これだと、ベビーカー利用者も安心して利用できる。評判しだいでは、他社も似たようなスペースや設備を採用するかもしれない。

その他、令和の車両らしく「安心」を重視した設備が目立つ。各車両に防犯カメラを設置。乗務員や運転指令者が車内の状況を確認できるようにする。

また、車内の座席生地は花柄になり、木目（もくめ）調の壁を取り入れる。かつての近鉄一般車両は淡い木目調の壁が標準仕様であった。全国的に鉄道車両のインテリアに木目調を採用することがトレンドになっているが、近鉄一般車両も新車の登場を機に木目調を本格採用することになる。

気になる両数は4両×10編成の計40両だ。おそらく、高度経済成長期に登場した車両が引退に追いこまれることになるのだろう。近鉄一般車でも、確実に世代交代が近づいている。

コンピュータによる座席予約システムの先駆け！ ◎近鉄の凄さ⑦

関東にお住まいだと思われる方が、駅窓口で近鉄の特急券を購入したさいに、2列車乗る場合でもチケット1枚で済むことに感動しているシーンを見かけたことがある。

たとえば、近鉄名古屋駅から近鉄奈良駅まで特急に乗車するさいは大和八木駅、大和西大寺駅での乗り継ぎが必要になり、3つの列車に乗車することになるが、それでも特急券は1枚で済む。

これは、近鉄が他の民鉄に先駆(さきが)けて独自の特急券購入システムを構築してきたからこそできる芸当だといっていい。

近鉄がコンピュータを使った特急券発売システムをスタートさせたのは、なんと1960（昭和35）年のことである。前年の1959（昭和34）年に名古屋線改軌による名阪直通特急の運行が始まり、1960年1月から名阪間の主要駅に停車する特急も新設された。

特急の新設があいついだことにより、特急券の購入経路も複雑になり、電話での対応が限界を迎えた。そこで近鉄は特急座席を集中管理し、各発売所で特急座席の情報を共有するシステムの構築に努めた。

具体的には、上本町駅（現・大阪上本町駅）に集中管理をつかさどる大型コンピュータを設置。そして、マイクロ無線設備で各販売所とつなげるという今日のコンピュータネットワークの先駆けを実現したのだ。

コンピュータによる座席予約は民鉄では近鉄が初となり、近鉄社内でも初となるコンピュータの実用例となった。

1971（昭和46）年になると、グループ会社の近畿日本ツーリストの営業所からも即時に特急券が予約できるようになり、近鉄グループ内でもオンライン連携が進んだ。

１９８７（昭和62）年には、今日の予約システムのベースといえるＡＳＫＡ（All-round Service by Kintetsu and its Agencies）の稼働を開始。特急券予約のほかにオンライン乗車券発行、企画旅行も扱う総合的な旅客販売予約システムとなっている。

平成に入ると、インターネットと携帯電話ｉモードを利用した会員制の特急券予約・発売サービス、特急チケットレスサービスを展開してきた。

このように、近鉄特急券の予約・購入システムを支えてきたのが近鉄グループの近鉄情報システムだ。これからも、遠方からの乗客を「あっ」といわせるような利便性の高い予約・購入システムを開発してくれることだろう。

2章

◉思いがけない発見が次々と!

近鉄の
路線を知る

●他に類のない〝特急銀座〟となっている路線は？●

ここでは、有料特急が多く走る路線のことを〝特急銀座〟と定義したい。新幹線を別にすると、全国的に特急銀座の路線は減少の一途をたどっている。2024（令和6）年3月には北陸新幹線の金沢～敦賀間が延伸され、JR北陸本線も特急銀座ではなくなった。

一方、近鉄には〝特急銀座〟と呼べる路線が多く残り、しかもJR北陸本線の敦賀以東のように、新幹線開業によって廃線・ローカル化することも、まずない。

平日の日中時間帯に走る特急の本数を比較すると、近鉄線では名古屋線がもっとも多い。近鉄名古屋駅における日中時間帯のダイヤを見ると、0分発大阪難波行き「ひのとり」、10分発賢島行き特急、30分発大阪難波行き特急、50分発五十鈴川行き、もしくは鳥羽行き特急となり、1時間あたり4本の設定だ。

参考までに、有料特急を走らせる関東大手私鉄と比較してみる。平日日中時間帯の小田急電鉄の新宿駅は特急が1時間あたり2～3本、東武鉄道の浅草駅は2～4本が発車する。

一方、特別料金不要の一般列車は、近鉄名古屋駅発（日中時間帯）が1時間あたり8本。津駅の大阪難波・鳥羽方面の時刻表を見ると5本になる。

さらに、うち2本は隣駅の津新町駅止まりなので、津新町～桃園間は一般列車よりも特急のほうが本数が多いのだ。同じような例は大阪線、鳥羽線、志摩線でも見られる。

つぎは、津駅における近鉄名古屋方面の日中時間帯の時刻表を見てみよう。すると毎時23分に大阪難波発「ひのとり」が発車し、その4分後に毎時27分発の伊勢志摩方面から来た特急が発車する。

「ひのとり」は近鉄名古屋駅までノンストップで走る一方、毎時27分発の特急は白子、近鉄四日市、桑名の順に三重県内の主要駅に停車する。つまり、「ひのとり」に乗車しても、スムーズに三重県の主要駅に到達できるように工夫されているのだ。

そして、名古屋線終着駅の伊勢中川駅では近鉄名古屋～伊勢志摩間、大阪難波～伊勢志摩間の特急がドアツードアで乗り換えられる。まさしく、特急銀座だからこそできる芸当だ。

ところで、近鉄特急は座席指定のため、原則として予約時に乗車する特急列車が決まる。特急の本数が多い分、乗り間違いには十分に気をつけたいところだ。

●南大阪線と奈良線＆大阪線では「格差」がある?!●

近鉄沿線の住民と話をすると、皮肉交じりなのか本心からなのかは判然としないが、「南大阪線と奈良線・大阪線とのあいだに差を感じる」という。この噂は本当なのだろうか、それとも都市伝説の類いなのだろうか。

南大阪線と奈良線・大阪線との基本的な違いから確認してみよう。まず、創業時の会社が異なる。

南大阪線は河南鉄道から発展した路線である。１８９８（明治31）年に道明寺～古市間が開通し、大阪天王寺駅（現・大阪阿部野橋）に乗り入れたのは１９２３（大正12）年のこと。その4年前、１９１９（大正8）年には大阪鉄道（大鉄）に改名していた。１９２９（昭和4）年に久米寺駅（現・橿原神宮前）まで全通している。

大鉄が近鉄の直系にあたる関西急行鉄道に合流したのは戦時中の１９４３（昭和18）年、翌１９４４（昭和19）年に近畿日本鉄道が成立したが、このときに「南大阪線」という名称がついた。

一方、奈良線・大阪線は近鉄の直系にあたる大阪電気軌道（大軌）を前身としている。つまり、近鉄において南大阪線は「傍流」、奈良線・大阪線は「直系」である。

　つぎに線路の幅が異なる。南大阪線・吉野線系統の線路幅はＪＲの在来線と同じ狭軌（１０６７ミリメートル）だ。これは前身の河南鉄道が国鉄線との接続を意識したことによる。

　奈良線・大阪線は、国鉄線のことは一切考慮せずに建設された、独立独歩の路線であった。そのため、高速輸送に適した標準軌（１４３５ミリ）を採用した。

　このように、南大阪線と奈良線・大阪線のあいだには同一会社の路線とは思えないほどの差異が存在するのだ。

　では、いよいよ「格差」が存在するのかを確認しよう。もっともわかりやすいのは特急車両だ。大阪線には令和生まれの絶大なエース、８００００系「ひのとり」が走る。奈良線にも本数は少ないながら、大阪難波～近鉄奈良間に「ひのとり」車両を使った定期特急列車が存在する。

　また、大阪線には観光特急「しまかぜ」が走り、２０１３（平成25）年登場の５００００系が用いられている。

　一方、南大阪線を走る特急は、令和生まれの車両が存在しない。それどころか、１９６０年代設計の１６０００系が現在も定期特急列車の運用に就いている。現存している16000系は1970年代に製造されたが、それでも約50年の車歴を持つベテラン車両だ。

また、南大阪線には観光特急「青の交響曲（シンフォニー）」が走るが、こちらは「しまかぜ」とは異なり、新造車ではなく昭和生まれの通勤電車を改造したものだ。

一般車両でも同じようなことがいえる。もっともわかりやすい例は、2000（平成12）年に登場した通勤型車両「シリーズ21（トゥエンティワン）」だ。鶴橋駅のホームにいると、「シリーズ21」をよく見かける。

ところが、大阪阿部野橋駅で一般車両をつぶさに観察しても、なかなか「シリ

南大阪線を走る16000系

ーズ21」には出会えない。それもそのはず、南大阪線を走る「シリーズ21」は2両編成×2本の計4両しか存在しないのだ。

このように、車両面を見ると、南大阪線と奈良線・大阪線のあいだには、たしかに「差」が存在するといえる。南大阪線系統の狭軌は近鉄のなかでは少数派である。車両の運用を考えると、なかなか少数派に配慮することは難しいのだろう。

●「本線を食うほどの存在感」を放っている支線とは●

最初に断っておくと、近鉄に「本線」と名のつく路線は存在しない。しかし、ターミナル駅に乗り入れ、特急列車を運行している路線は便宜上「本線」と分類していいだろう。ターミナル駅に乗り入れず、特急列車がない路線は「支線」と分類できる。

近鉄には、支線が本線の存在感を上回りそうな路線がある。それが南大阪線と長野線との関係だ。

南大阪線は、押しも押されもしない「本線級」の路線だ。始発駅は近鉄ナンバーワンの乗降客数を誇る大阪阿部野橋駅であり、橿原神宮前・吉野方面に向かう特急列車が走る。しかも観光特急「青の交響曲」も運行され、人気を博している。

長野線は、南大阪線の古市駅と河内長野駅を結ぶ12・5キロメートルの支線。一部は複線化されているが、単線区間も存在する。終着の河内長野駅で南海高野線に接続する。

一見すると長野線が南大阪線に勝てる要素はまったくないように見えるが、まずは昼間時間帯における長野線の時刻表を確認してみよう。

すると、河内長野駅から1時間あたり4本の頻度で大阪阿部野橋行き準急が設定されていることがわかる。準急は長野線内の各駅に停まり、古市駅以降は道明寺、土師ノ里、藤井寺、河内松原の順に停車する。河内長野駅から大阪阿部野橋駅までは約40分だ。

一方、南大阪線は準急以外にも特急や区間急行が設定されており、運行本数は長野線よりも多い。しかし、昼間時間帯においては、古市〜尺土間の古市・尺土以外の各駅には1時間に上下各2本の普通列車しか停まらないのだ。

古市駅の隣駅にあたる長野線の喜志駅と南大阪線の駒ヶ谷駅の昼間時間帯における停車本数を比較すると、喜志駅は1時間あたり上下各4本、駒ヶ谷駅は上下各2本で長野線の喜志駅のほうが多い。南大阪線の古市〜尺土間の普通列車は、古市〜

樫原神宮前間を往復するだけで、大阪阿部野橋駅には直通しないのだ。

両数もまったく異なる。長野線に乗り入れる準急は4両編成以上なのに対し、南大阪線の古市~樫原神宮前間の昼間時間帯の普通列車は2両編成だ。しかもワンマン列車も多い。古市駅のホームに立っていると、いったいどちらが本線級の路線なのか、わからなくなるくらいだ。

近鉄は2022（令和4）年のダイヤ改正にて、大阪阿部野橋~樫原神宮前間の一部の準急を古市止まりとした。「一部」とはいえ、上下合わせて平日22本、土休日26本なので相当な量だ。

前年の2021（令和3）年のダイヤ改正では、昼間時間帯の列車本数が削減され、古市~尺土間の古市・尺土以外の各駅に停車する列車本数は1時間あたり上下各4本から各2本に減っている。つまり、わずか2年で古市~尺土間のローカル化が急速に進んだのだ。その結果、古市駅の名物である、準急列車の分割・併合も昼間時間帯では基本的に見られなくなった。

では、なぜ長野線は優遇され、南大阪線の古市~尺土間は冷遇されるのだろうか。じつは、長野線は人口約11万人の富田林（とんだばやし）市を通り、市の中心駅である富田林駅がある。1日の乗降客数を見ると、富田林市にある喜志駅が約1万5000人、富田林

南大阪線と長野線の2路線が乗り入れる古市駅

長野線の主要駅の1つ富田林駅

駅が約1万1000人だ。古市駅が約1万8000人だから、喜志駅・富田林駅とともに大阪府南大阪エリアでは主要駅といえる。

一方、南大阪線古市駅の東隣にあたる駒ヶ谷駅から磐城(いわき)駅までの各駅の乗降客数は4000人以下であり、二上神社口(にじょうじんじゃぐち)駅に至っては720人だ。古市〜尺土間の地形は山がちであり、長野線よりも沿線に人家が少ない。山越えの区間もあり、乗降客数が少ないのも仕方がないといえるだろう。

そのため、長野線は支線でありながらも、南大阪線を超えるような存在感を放っているのである。

●田原本線が「孤立路線」となった経緯とは●

「栄光ある孤立」といえば、19世紀に英国がとった「諸国との同盟を避け、大英帝国建設に努力を集中する」という外交政策を指す言葉として知られるが、近鉄にもそのような路線がある。西田原本(にしたわらもと)駅と新王寺駅を結ぶ10・1キロメートルの田原本線だ。

田原本線は近鉄の路線では唯一、始発駅と終着駅の両方が他線と接続していない。

西田原本駅は橿原線の田原本駅、新王寺駅は生駒線の王寺駅から数百メートル離れた位置にある。

なぜ、田原本線は「栄光ある孤立路線」になったのか、歴史をひも解いてみよう。

現在の田原本線が大和鉄道により開通したのは１９１８（大正7）年のこと。５年後の１９２３（大正12）年までに田原本（現・西田原本）から桜井まで延び、王寺と桜井が結ばれた。開業当初の線路幅は国鉄（現・ＪＲ）と同じ１０６７ミリメートルで、国鉄王寺駅から蒸気機関車がけん引する貨物列車が乗り入れた。

大和鉄道は、桜井駅から宇治山田方面への延伸を考えていた。しかし、１９２３年に近鉄の前身にあたる大阪電気軌道（大軌）が畝傍線（現・近鉄橿原線）を全通させ、大和鉄道の利用客は激減してしまう。そして、１９２５（大正14）年には大軌の傘下に入った。大和鉄道は大軌に完全敗北したのである。

その後、戦時中に不要不急路線として田原本～桜井間が休止に。１９４８（昭和23）年に電化とセットで線路幅が近鉄橿原線と同じ標準軌の１４３５ミリとなり、国鉄との関係は絶たれた。

大和鉄道は信貴生駒電鉄との合併を経て、１９６４（昭和39）年に近鉄に合併され、同年に田原本駅も西田原本駅へと改称した。このように「栄光ある孤立路線」

●近鉄田原本線の路線図●

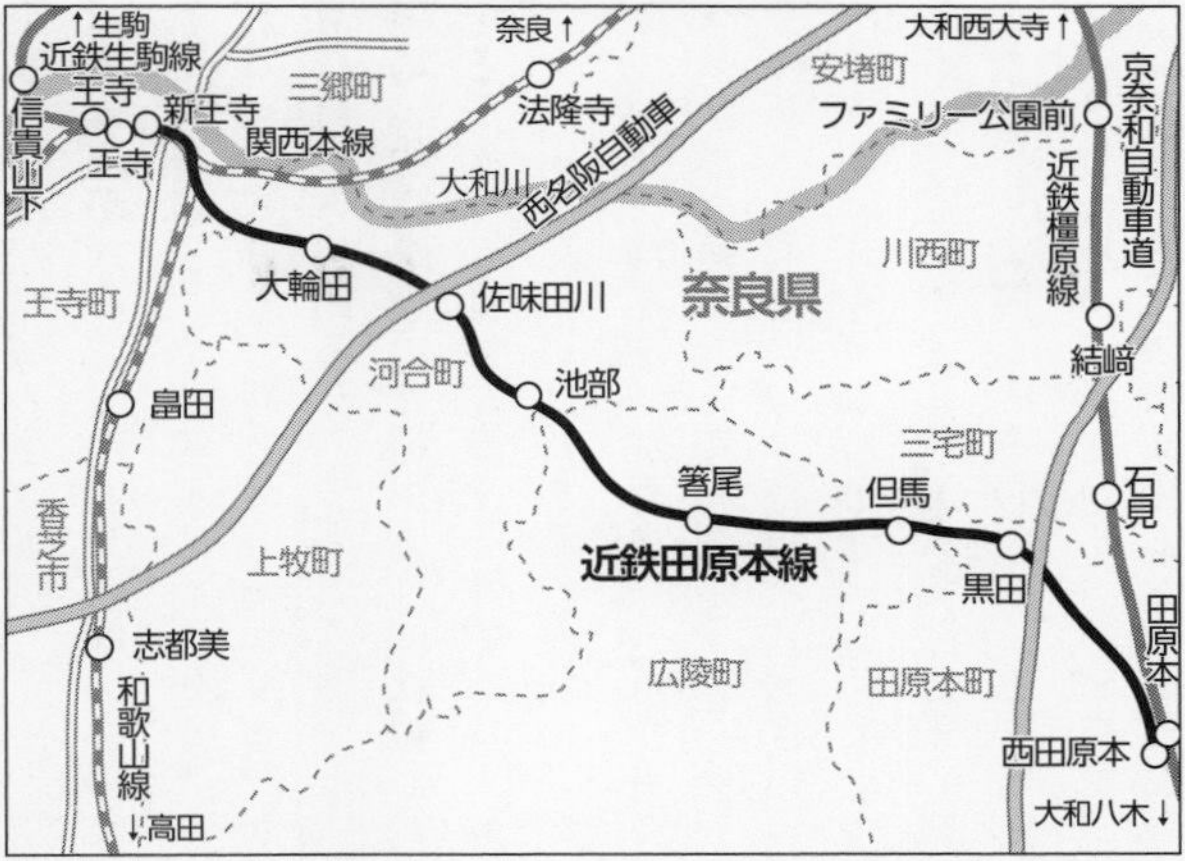

になった背景には敗北の歴史があったのだ。

ところで、田原本線は営業距離10・1キロの路線にもかかわらず、5町（田原本町、三宅町、広陵町、河合町、王寺町）にまたがる。なぜ、これほどまでに沿線の自治体がコロコロ変わるのだろうか。

理由の1つとして、古代の条里制を無視するかたちで「斜め」に路線が敷かれた点が挙げられる。条里制とは、奈良時代末期から平安時代初期にかけて定められた日本最初の農地の区画である。奈良市周辺の地図を見れば、長方形や四角形の区割りが目につき、条里制の面影がいまに残っていることがわかるだろう。

田原本線が通る5町の境界線は、この条里制の区画にしたがって敷かれていると思われる箇所があり、斜めに通る田原本線が余計に目立っている。

斜めに線路を敷いた理由は、国鉄線と接続する王寺、奈良盆地の中心地である田原本、大和川水運の終点にあたる桜井の3か所を最短ルートで結ぶためだ。また、「平成の大合併」と呼ばれる市町村合併が、奈良県ではあまり進まなかったことも大きい。

田原本線は昔も今も新王寺駅方面へ乗客が流れ、新王寺駅からJR大和路線王寺駅へ乗り換え、大阪市内を目指すのが一般的だという。一連の乗客の流れが大軌畝傍線（現・近鉄橿原線）へのせめてもの抵抗なの

沿線住民の生活路線として機能している田原本線

かもしれない。

●特急の運行に欠かせない「3つの短絡線」とは●

近鉄には3つの短絡線（遠回りすることなく路線同士を結ぶための線路。中川短絡線、新ノ口短絡線、八木西口短絡線）が存在する。

●中川短絡線●

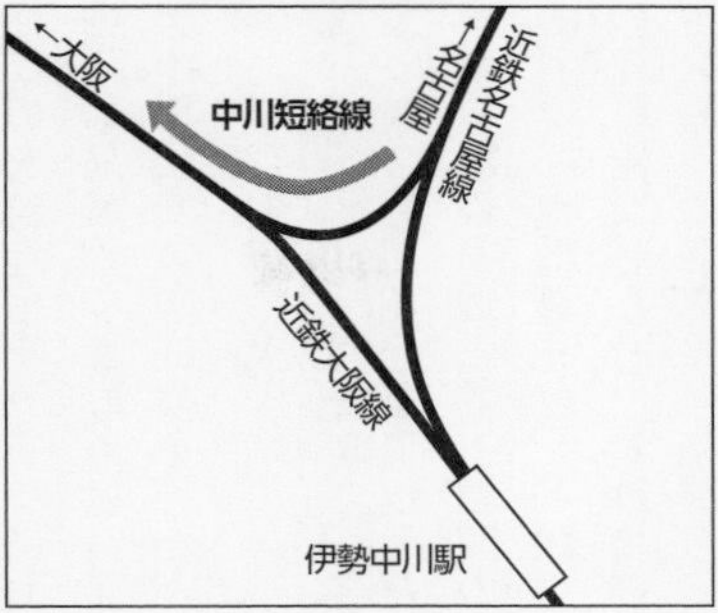

このうち、もっとも知られているのは伊勢中川駅近くにある中川短絡線だ。中川短絡線は大阪線と名古屋線を結び、名阪特急が通過する。

中川短絡線が有名な理由は、名阪特急が通過するせいもあるが、何といっても中川短絡線、名古屋線、大阪線で構成される「三角地帯」があるからだ。

三角地帯にはさまざまな広告看板が設置されており、なかには有名鉄道YouTuberであるスーツ氏の看板もあった。鉄道ファンでなくても、車窓からこの三角地帯をカメラにおさめる乗客の姿も見かけた。

中川短絡線が完成したのは１９６１（昭和36）年のこと。それまでの名阪特急は伊勢中川駅で方向転換を行なっていたが、この年に名阪ノンストップ特急が中川短絡線を走るようになり、１９６３（昭和38）年にはすべての名阪特急が短絡線経由となった。中川短絡線の完成により、当時の国鉄東海道本線の特急列車と変わらない名阪間2時間13分を実現したのである。

また、鶴橋〜近鉄名古屋間のノンストップ運転が廃止となった２０１２（平成24）年3月ダイヤ改正まで、名阪甲（こう）特急（ノンストップ特急）では短絡線内で走行しながらの運転士交替が行なわれていた。速度を落としたうえで、2人の運転士がブレーキハンドルに手を添えながら、器用にバトンタッチしていたのである。まさしく、近鉄ならではの芸当であった。

残り2つの短絡線、新ノ口短絡線、八木西口短絡線はともに大阪線と橿原線を結ぶ。このうち、特急列車が走るのが１９６７（昭和42）年完成の新ノ口短絡線だ。新ノ口短絡線は橿原線の新ノ口駅と大阪線の大和八木駅を結び、京都〜伊勢志摩間の特急が走る。観光特急「しまかぜ」も走行する、近鉄特急網にとっては中川短絡線と同じく欠かせない存在だ。

ちなみに、京都～伊勢志摩間の特急列車は１９６６（昭和41）年に登場したが、当時は新ノ口短絡線が完成しておらず、大和八木駅で複雑な運転を余儀なくされた。くわしく述べると、橿原線から大阪線へは、橿原線大和八木→八木西口→八木西口短絡線→大阪線大和八木のルートを通ったのである。

このルートでは方向転換が２回、そして大和八木駅の停車も２回行なう必要があり、非常に無駄が多かった。これが新ノ口短絡線の完成により、スッキリと解決したのである。

●新ノ口短絡線と八木西口短絡線●

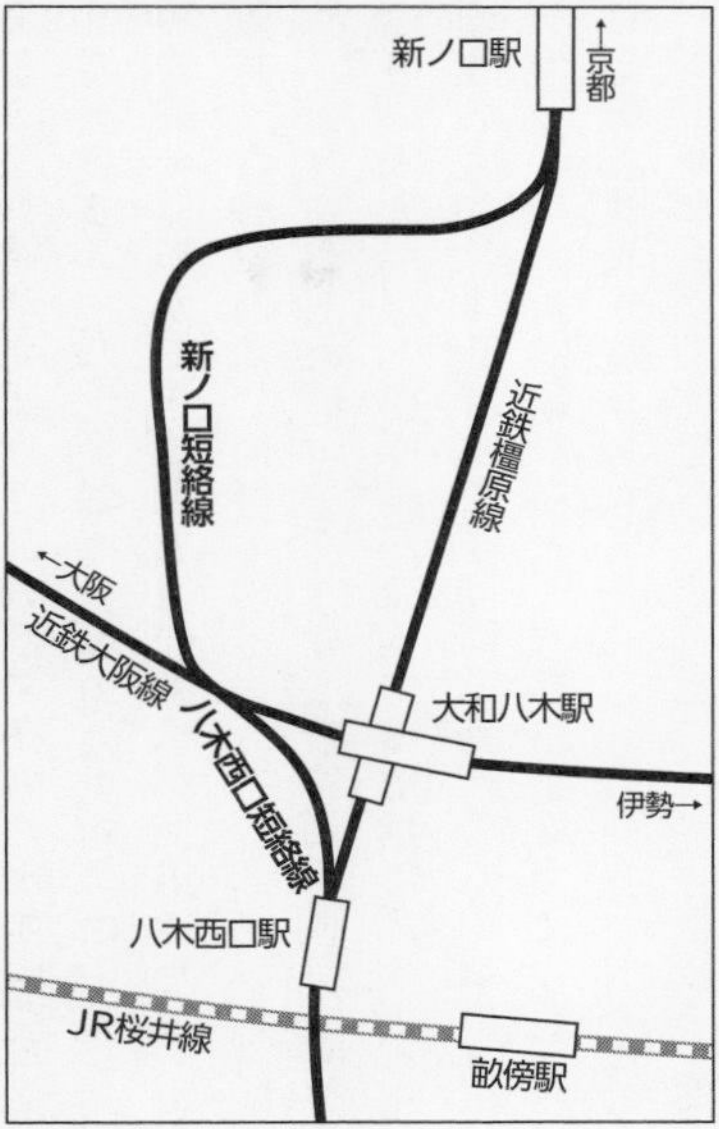

八木西口短絡線は大和八木駅と八木西口駅を結ぶが、定期列車は走らない。先述した２つの短絡線とは異なり、八木西口短絡線は生まれながらの短絡線ではないのだ。いわば、旧線である。

１９２３（大正12）年

に現在の橿原線が開通したさい、現在の八木西口駅付近に八木駅が設置された。2年後の1925（大正14）年に大阪線の大和高田〜八木間が開通。このときに八木西口短絡線の原型ができ、大阪線の列車が使用した。つまり、八木西口短絡線は「旧大阪線」なのである。

話が複雑になるのは、1929（昭和4）年のこと。大阪線が桜井方面に延長されるさい、大阪線と橿原線が交差する地点に八木駅を新設することになった。これが現在の大和八木駅である。同時に初代の八木駅は八木西口駅となった。

その後、八木西口駅から大阪線を結んでいた「旧大阪線」の線路が短絡線となったのである。

●奈良から近鉄で京都へ向かうルートは2つ存在する！●

「近鉄」と聞くと、「大阪、奈良、名古屋、伊勢志摩に行く電車」というイメージを持つ方が多いだろう。「京都にも行く」といっても、なかなかピンとこないかもしれない。

それは、大阪と京都を直結しているわけではなく、奈良と京都を結んでいるからだろう。しかも、京都へは2つのルートが存在することはまったくといっていいほど知られていない。

論より証拠。まずは『近鉄時刻表』にある近鉄の路線図を確認してみよう。すると、大和西大寺駅からまっすぐに延びる京都線が目立つ。京都線の終着駅は京都駅であり、JR京都駅に併設している。

京都駅より少し南に位置する竹田駅に目を移すと、細い線が右に分かれ、北へと向かい、京都駅を越えて国際会館駅まで延びていることが確認できる。

この線は京都市営地下鉄烏丸線で、竹田～国際会館間では京都市営地下鉄烏丸線と近鉄京都線が相互直通運転を実施している。つまり、近鉄は京都都心へのルートとして、京都線と京都市営地下鉄烏丸線経由の2ルートが存在するのだ。

今度はダイヤを見ていこう。京都駅からは奈良行き、橿原神宮前行き特急のほかに観光特急「あをによし」も発着する。

もちろん、急行や普通といった一般車両も乗り入れる。一方で、京都線～京都市営地下鉄烏丸線間の相互直通運転は、国際会館～近鉄奈良間の急行と国際会館～新田辺間の普通の2本立てだ。

問題は「京都」という駅名と地名である。先述したように、京都線の始発駅は京

●竹田～京都間の路線図●

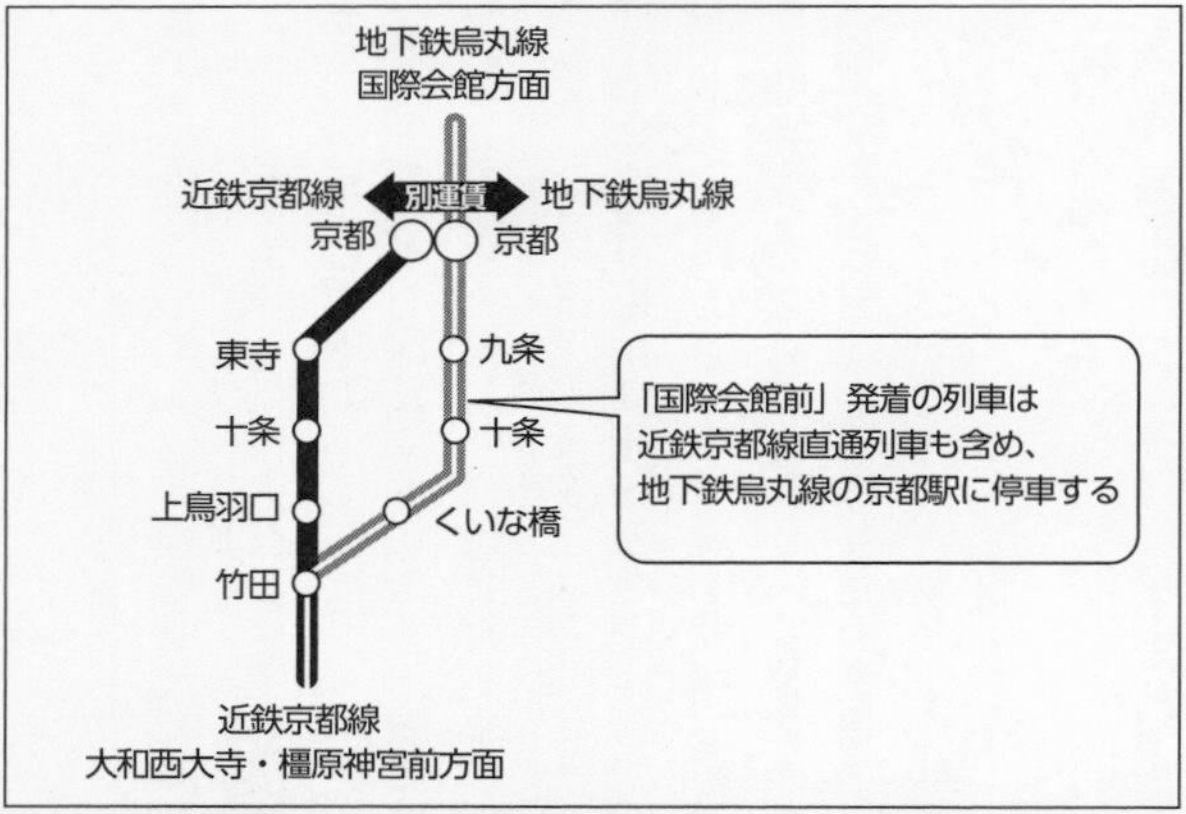

竹田駅の駅名標は地下鉄・近鉄双方の駅番号が記載されている

都駅であり、まぎれもなく近鉄の駅だ。

　そして、京都市営地下鉄にも京都駅がある。こちらは地下駅であり、近鉄の京都駅とは微妙に離れた場所にある。近鉄電車は近鉄の京都駅と京都市営地下鉄の京都駅、２つの「京都駅」に乗り入れているのだ。

　それでも、運賃が同じなら問題はないだろう。ところが、まったく違うのだ。近鉄奈良～近鉄京都間の運賃は７６０円なのに対し、近鉄奈良～地下鉄京都間の運賃は１０２０円。後者は相互直通運転でありがちな高額な運賃が適用されるからだ。

　そのため、大和西大寺方面から電車に乗り、竹田駅に近づくと、誤乗（ごじょう）対策として注意を喚起（かんき）する車内放送が流れる。

　よくよく考えると、近鉄も地下鉄も両方とも同じ「京都駅」だからややこしいのだ。せめて、近鉄の京都駅が近鉄奈良駅や近鉄名古屋駅のように「近鉄京都駅」が正式駅名だったら、誤乗する乗客が減るかもしれない。

　ちなみに、なぜ京都駅に「近鉄」の名がつかないのか、その理由は164ページで述べたい。

●踏切のあるケーブルカー「生駒鋼索線」の魅力●

生駒ケーブル、すなわち生駒鋼索線は2つの路線から成り立っている。鳥居前〜宝山寺間の宝山寺線と宝山寺〜生駒山上間の山上線だ。

鳥居前駅へは生駒駅から徒歩でアクセス可能だ。鳥居前駅から生駒山上駅へは宝山寺駅での乗り換えが必要となる。終着の生駒山上駅は生駒山上遊園地の最寄り駅であり、鳥居前駅から生駒山上駅への所要時間は16分だ。

宝山寺線は日本最初のケーブルカーとして知られている。開業年は1918（大正7）年、近鉄の前身である大阪電気軌道（大軌）の系列会社にあたる生駒鋼索鉄道により開通した。

宝山寺線の役割は宝山寺へのアクセスだけでなく、宝山寺周辺の住宅地への足でもある。そのため混雑対策として、1926（大正15）年に複線化が実施された。中間部は行き違いのため複々線になっている。

ただし「複線」といっても2つのケーブルカーが独立して運行しているため、通常の複線区間とはずいぶん雰囲気が異なる。また、通常は片方のケーブルカーしか

●生駒鋼索線の路線図●

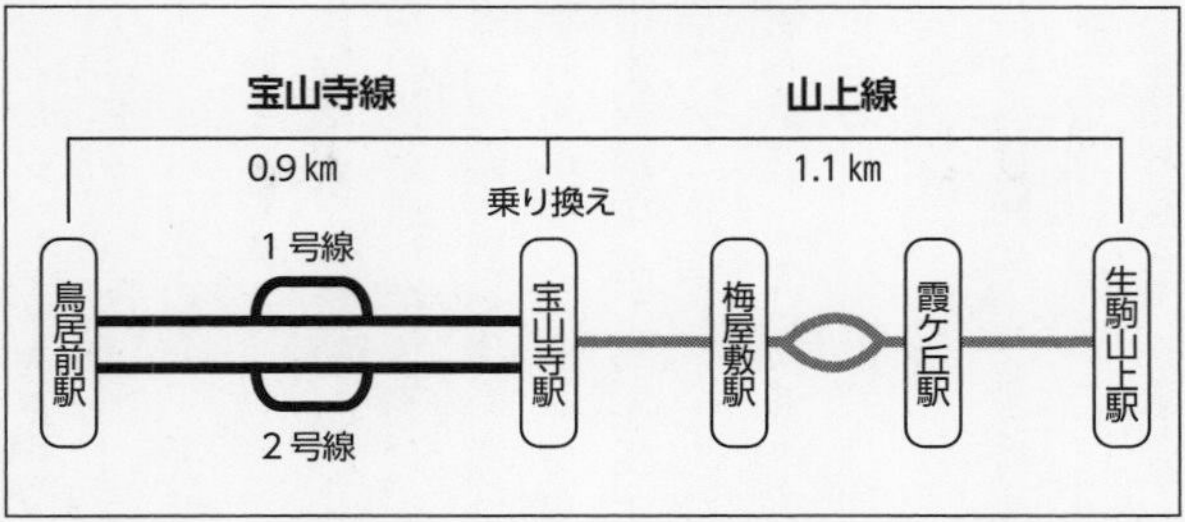

運行されず、もう一方は休止となる。

一方、山上線は単線だ。山上線の特徴は中間駅（梅屋敷駅・霞ヶ丘駅）があることだ。両駅とも無人駅ではあるが、駅名標は近鉄の標準仕様であり、正式な近鉄の駅であることを主張している。

梅屋敷駅、霞ヶ丘駅ともに山間の駅であり、かつてあったホーム上の屋根も撤去されている。じつは梅屋敷駅は宝山寺駅よりも宝山寺に近いところにあるが、利用者はごくわずかだ。霞ヶ丘駅は完全に登山客のための駅であり、こちらも利用者は少ない。

さて、オンシーズンになると、中間駅を通過する優等種別が登場する。その名も「直行」だ。山上線の各駅には「直行が中間駅を通過する旨」の案内板があり、直行列車は前面窓に赤字で「直行」という表示が点灯する。

宝山寺線、山上線に共通するユニークな点は踏切道があること。しかも宝山寺線には自動車が通る踏切道まである。まさしく、生駒ケーブルは日常生活に溶けこんでいるケーブルカーなのだ。

生駒ケーブルを訪れるさいには、いくつかの注意点が存在する。まず、宝山寺線と山上線で列車本数が異なることだ。臨時便を除く日中時間帯のダイヤは、宝山寺線が20分間隔だが、山上線は1時間あたり上下各1～2本しかない。また、生駒ケーブルでは交通系ICカードに対応しておらず、現金できっぷを購入する必要がある。

最近の生駒ケーブルは、駅のリニューアルに取り組んでいる。2023（令和5）年2月に宝山寺駅が、2024（令

宝山寺線で使用されるコ11形車両「ブル」

和6）年2月には生駒山上駅がリニューアルされた。宝山寺駅はレトロ調、生駒山上駅はカラフルな装いになった。沿線重視の近鉄の姿勢は、生駒ケーブルでも反映されている。

●近鉄から独立した路線の「意外な車両事情」とは●

近鉄は現在も総距離501キロメートルを誇り、民鉄では最長距離を誇る鉄道会社であることに変わりはない。しかし、20年ほど前はもっと距離が長かった。平成の時代に近鉄から離れた路線があるのだ。

平成のあいだに近鉄から分離独立した路線は、養老線（桑名～揖斐）、北勢線（西桑名～阿下喜）、内部線（近鉄四日市～内部）、八王子線（日永～西日野）、伊賀線（伊賀神戸～伊賀上野）である。

このうち、八王子線は内部線の日永駅から分岐している支線であった。2003（平成15）年から2015（平成27）年にかけて別会社への移管が行なわれ、養老線は養老鉄道、北勢線は三岐鉄道、内部線・八王子線は四日市あすなろう鉄道、伊賀線は伊賀鉄道が運営することになった。

●平成期に近鉄から分離独立した5路線●

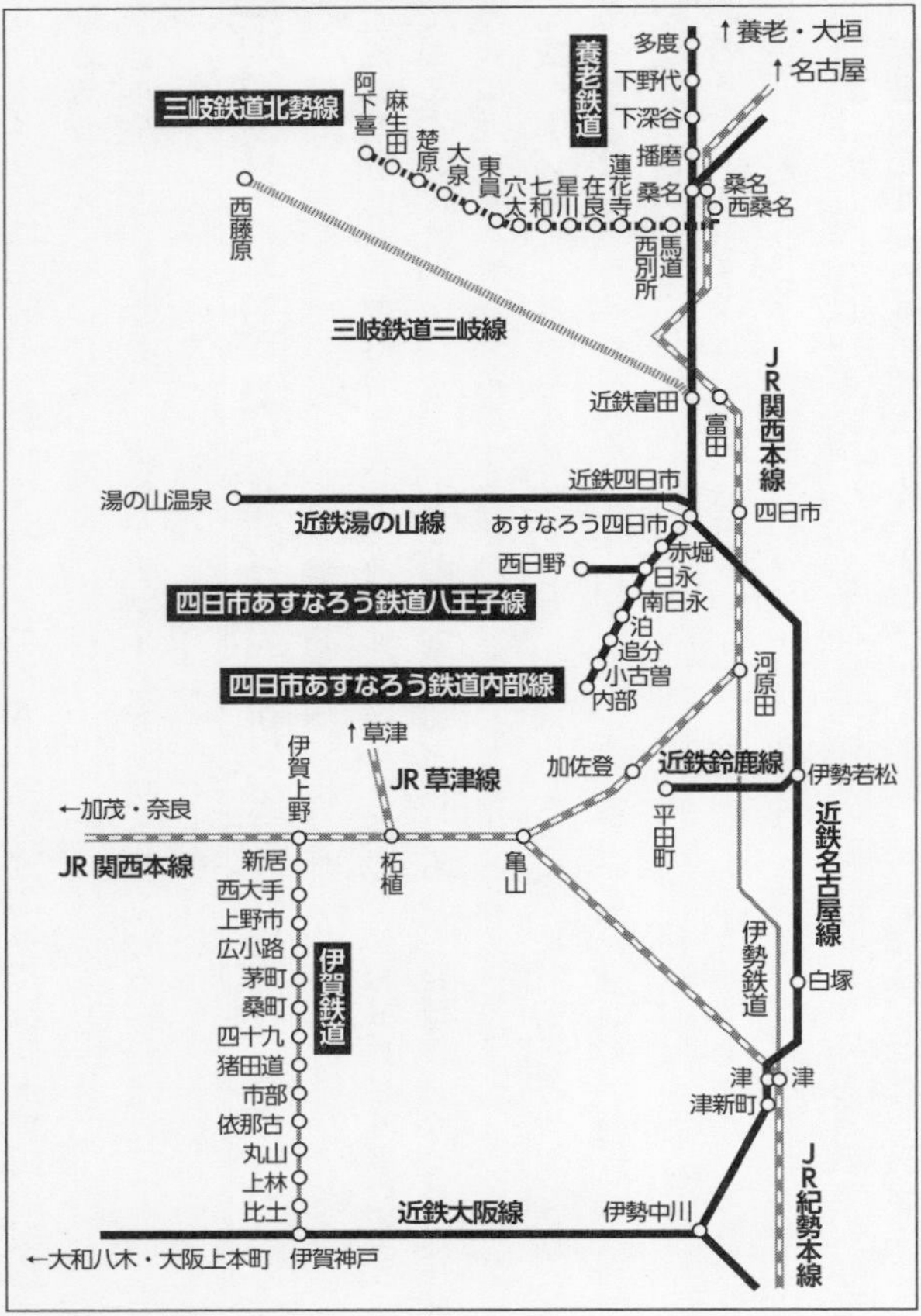

この5つの路線で興味深い点は線路幅だ。まず、本線級の大阪線・奈良線・名古屋線は標準軌（1435ミリ）だが、養老線・伊賀線は狭軌（1067ミリ）、北勢線・内部線・八王子線はナローゲージ（762ミリ）となっている。とくにナローゲージの路線は全国広しといえども、通勤・通学路線では北勢線・内部線・八王子線しかなく、現在でも鉄道ファンに人気の高い路線だ。

ここで取り上げたいのは、狭軌の養老線と伊賀線だ。両路線とも近鉄時代は本線で活躍した中古車両が走っていた。つまり、本線を走っていた車両を、車輪を変えるなどして狭軌に対応させたうえで両路線に投入していた。

近鉄ファンのなかで人気が高かった伊賀線で活躍した中古車両は880系だった。880系は、元は「800系」を名乗り、1955（昭和30）年に登場した奈良線の高性能電車だった。丸型の車体はいま見ても愛らしく、鉄道ファンからの人気が高かったのも納得がいく。1986（昭和61）年に伊賀線に移籍し、1993（平成5）年に引退した。

養老線・伊賀線では、養老鉄道・伊賀鉄道に移管後もしばらくは近鉄車が活躍していた。しかし、2024（令和6）年2月現在は、両路線ともに元東急電鉄の車両が幅を利（き）かせている。

養老鉄道では東急から譲渡された7700系が走る

伊賀鉄道も元東急1000系が「200系」として活躍中

三岐鉄道北勢線の270系は近鉄時代から使用されている

四日市あすなろう鉄道で運行されている260系

養老鉄道・伊賀鉄道両社では、かねてから老朽化した元近鉄車の置き換えが課題となっていた。近鉄では一般車の置き換えが進まず、なかなか中古車両が捻出できない状態だった。

一方、関東大手私鉄は関西大手私鉄よりも車両更新のサイクルが早い。東急では新車の導入により、省エネのVVVFインバータ制御を有し、ステンレス車体の優秀な中古車両が鉄道車両市場に出た。そこで、老朽化した元近鉄車を置き換えるために、省エネでメンテナンスがラクな元東急車を導入したと考えるのが自然だ。

車両が元近鉄から元東急に変わると、雰囲気はガラリと変わるものだ。他の路線も年数が経過するにつれ、近鉄の名残はどんどん薄れていくのだろう。

●近鉄が沿線自治体とのコラボに注力する理由●

「近鉄沿線での観光」と聞くと、多くの方がパッとイメージするのは伊勢志摩の観光地、もしくは奈良公園の鹿といったところだろうか。

昭和の高度経済成長期の頃から、近鉄はホテル建設など大規模な観光開発を続けてきた。うがった見方をすると、地元のローカルな魅力に気づかぬまま突っ走った歴史といえるかもしれない。

そんな近鉄だが、とくに新型コロナ禍以降は沿線の魅力発掘に力を入れている。その一例が、2023（令和5）年に締結された大阪府八尾市との連携協定である。八尾市は大阪府東部にあり、人口は約26万人。市内を走る近鉄線は大阪線のほかに信貴線と西信貴ケーブルがある。大阪上本町駅から近鉄八尾駅へは区間準急で所要時間10分強。住宅が立ち並ぶベッドタウンといったところだ。

これまで近鉄は、八尾市において観光開発といったテコ入れはしてこなかったが、2023年10月、八尾市と「地域の活性化に関する連携協定」を締結。連携・協力事項として「駅周辺地域の価値向上に関すること」「沿線地域への関係人口増加と定住促進に関すること」「公共交通の利便性向上や利用促進に関すること」「脱炭素型まちづくりの実現に関すること」「その他、両者の協議により決定した事項に関すること」の5項目が確認された。

締結式では近鉄の社長と八尾市長が近鉄電車のそれぞれの先頭車に乗車し、先頭車同士を連結させて、締結を印象づける粋な演出も行なわれた。

往々にして掛け声は壮大でも具体的な事項は進まないものだが、近鉄と八尾市の例ではさっそく実行に移している。

近鉄は同年11月18日から信貴線で、デコレーショントレイン「高安(たかやす)まなびやま」の運行を開始した。外観は一般公募で集まった高安山地域の生物や景観などの写真やイラストが貼られている。車内でもイラストを用い、高安山の魅力が学べるようになっている。

信貴線の終着駅、信貴山口駅からは高安山駅へ向かう大阪府唯一のケーブルカー西信貴ケーブルに接続する。高安山駅近くには八尾市、大阪府を見渡せる展望台があり、今後整備が進むことが期待される。

八尾市は2025（令和7）年開催の関西・大阪万博を機に、訪日観光客が高安山へ足を延ばすことを期待している。大阪上本町駅から高安山駅までは約40分といったところだ。

はたして、連携協定を梃子(てこ)にして、信貴線並びに高安山の魅力に磨きをかけ、訪日観光客を呼びこめるまでの観光スポットになるか。近鉄と八尾市との取り組みは、鉄道会社と沿線自治体のコラボレーションとして、一種のモデルケースになるかもしれない。

3章

◉乗客のあらゆるニーズに応える！

個性あふれる 近鉄特急を知る

三都を結ぶだけじゃない！近鉄特急の多彩なネットワーク

大手私鉄が運行する有料特急では、運行区間をイメージすることはさほど難しくない。たとえば、関東大手私鉄だと、東武鉄道の「スペーシアX」は浅草から日光、小田急電鉄のロマンスカーだと新宿から箱根という塩梅だ。

それでは、近鉄はどうか。近鉄は「大阪と名古屋」「大阪・名古屋から伊勢志摩」は想像がつくという人が多いだろう。しかし、これら以外の区間でも、さまざまな種類の近鉄特急が走りまわっている。

まず、伊勢志摩方面へは大阪・名古屋・京都の3大ターミナル駅から出発している。いずれの区間も観光特急「しまかぜ」が運用に就く。さらに京都発では奈良行き、橿原神宮前行きが設定されている。

橿原神宮前行きは終着の橿原神宮前駅で、吉野行き特急と連絡する列車が存在する。橿原神宮前駅で吉野行き特急に連絡する京都発の特急列車の行先表示には「吉野連絡」と明記される。

つぎは南大阪線・吉野線だ。南大阪線・吉野線では大阪阿部野橋～吉野間に特急

●近鉄特急の系統と停車駅●

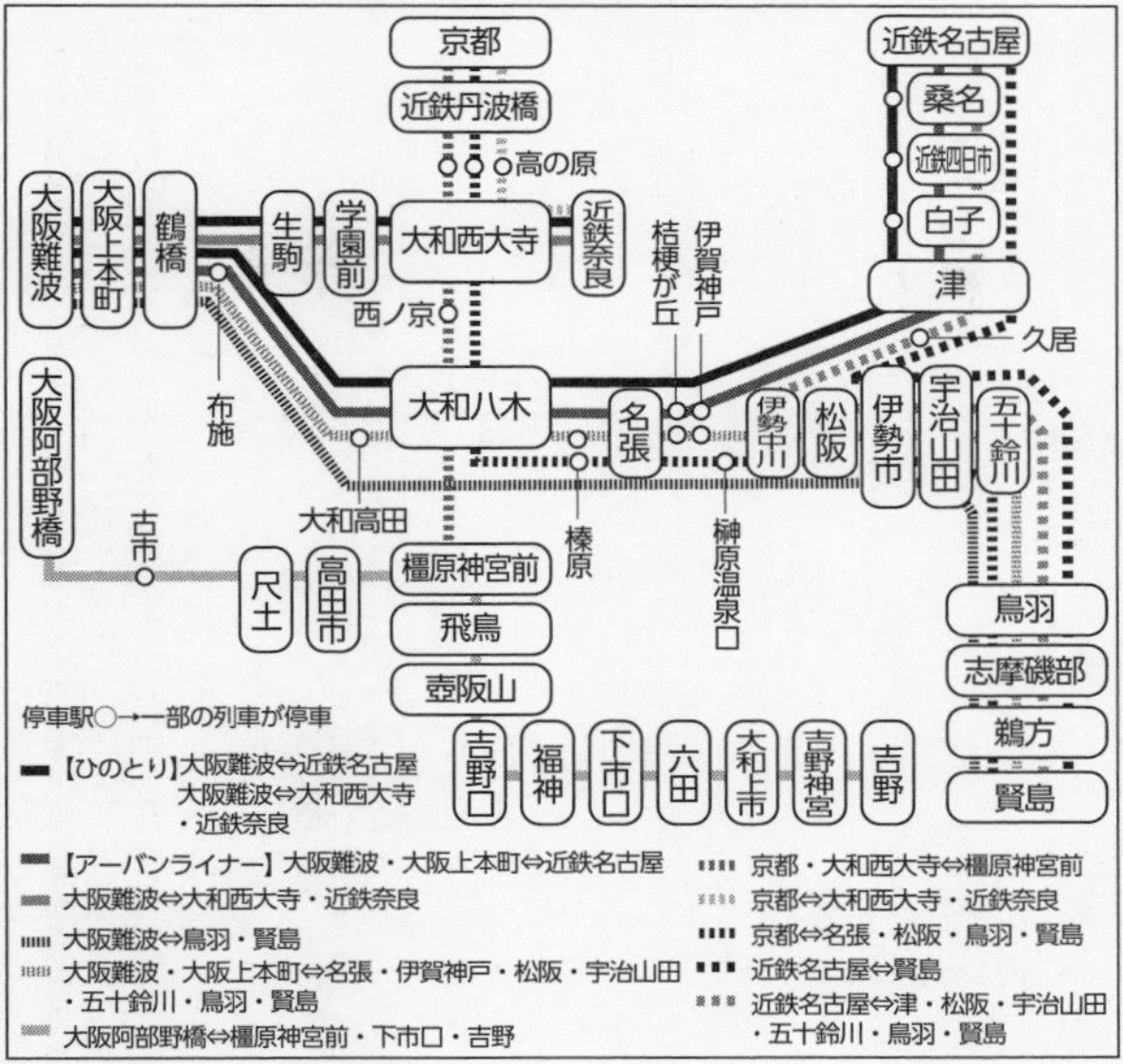

が存在するが、大阪線・橿原線系統の線路幅は標準軌（1435ミリメートル）なのに対し、南大阪線・吉野線は狭軌（きょうき）（1067ミリ）のため、南大阪線～橿原線～名古屋・伊勢志摩間の直通列車は現状では設定できない。

なお、大阪阿部野橋～吉野間には観光特急「青の交響曲（シンフォニー）」が設定されている。

近鉄特急は長距離のイメージがあるが、短距離区間もある。奈良線には

●観光特急の停車駅●

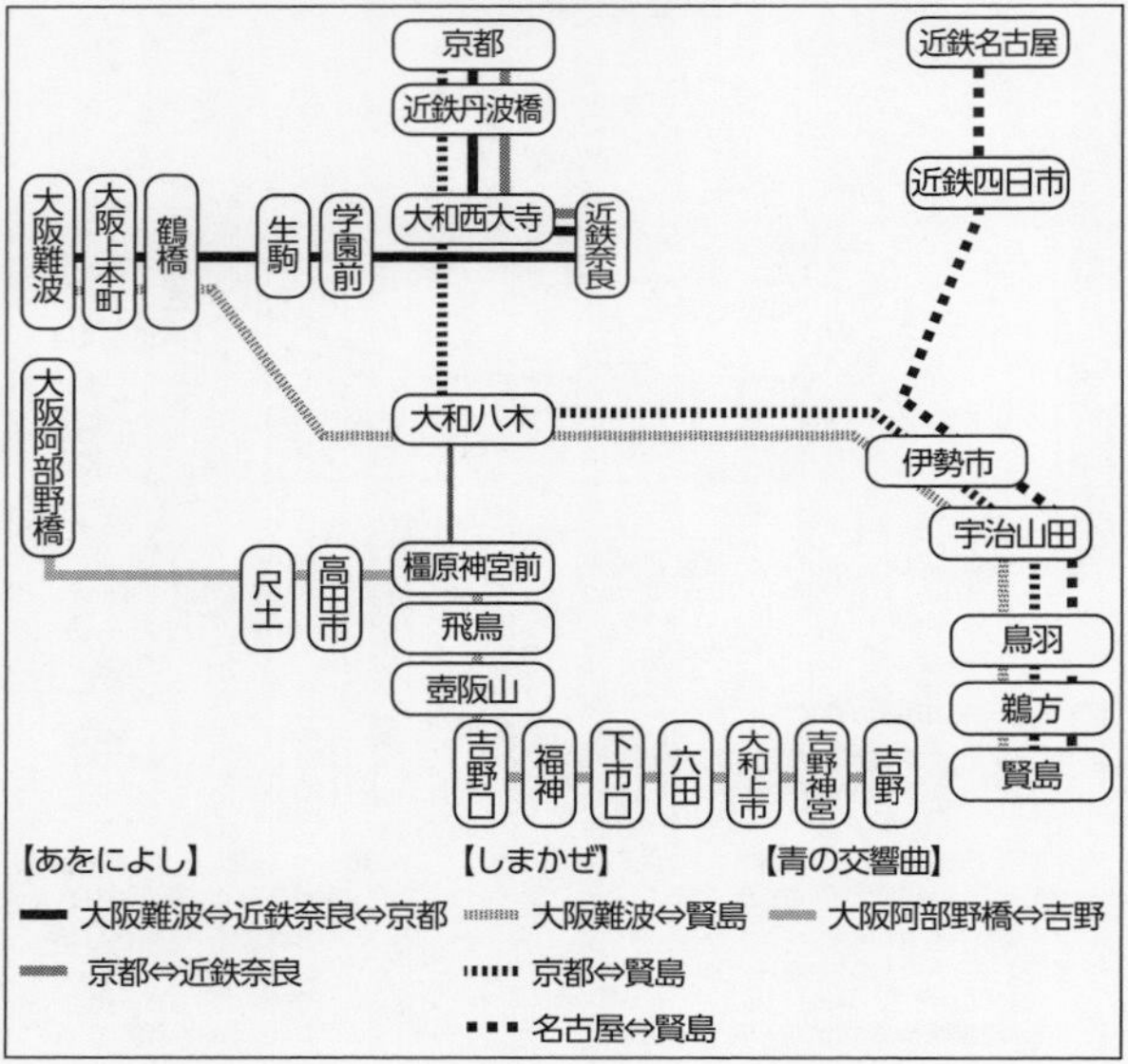

大阪難波と近鉄奈良を結ぶ特急が朝夕ラッシュ・夜間時に運行されている。驚いたことに8000系「ひのとり」も奈良線を走る。

興味深いのは観光特急「あをによし」の走行コースだ。「あをによし」は上下合わせて計8便が運行されているが、このうち上下各1本は大阪難波〜近鉄奈良〜京都間を走り、近鉄奈良駅で方向転換をする。

1992（平成4）年ま

で近鉄難波（現・大阪難波）～大和西大寺～京都間を結ぶ特急が存在したが、運行本数は少なく上下各3本であった。観光特急「あをによし」は2022（令和4）年にデビューしたが、「大阪～京都間の特急が復活した」と考えてもいいだろう。

整理すると主たるコースは、名阪（大阪～名古屋）、阪伊（大阪～伊勢志摩）、京伊（京都～伊勢志摩）、名伊（名古屋～伊勢志摩）、京奈（京都～奈良）、京橿（京都～橿原神宮前）、阪奈（大阪～奈良）、吉野（大阪～吉野）となる。

さらに、近鉄社内や近鉄ファンのあいだでは、停車駅が少ない列車を「甲特急」、多い列車を「乙特急」と呼んでいる。ただし、甲特急と乙特急の停車駅・運行本数のバランスはコースごとに異なる。

名阪甲特急は車両に「ひのとり」が使われ、停車駅は大阪難波、大阪上本町、鶴橋、大和八木（一部停車）、津、近鉄名古屋だ。なお、1日1本（近鉄名古屋方面）のみ、白子、近鉄四日市、桑名にも停車する。

名阪乙特急は車両に「アーバンライナー」シリーズが使われ、名阪甲特急の停車駅に加えて名張、桔梗が丘（一部停車）、伊賀神戸（一部停車）、白子、近鉄四日市、桑名にも停車する。原則として、大阪難波毎時0分発の特急は名阪甲特急、毎時30分発は名阪乙特急となっている。

大阪難波駅で発車を待つ「ひのとり」

賢島駅ホームに並ぶ近鉄特急

阪伊甲特急は、原則として鶴橋を出ると伊勢市まで停車しない。かつては毎時1本程度の割合で設定されていたが、バブル崩壊を経て運行本数は減り続け、現在は片手で数えるほどしか運行しない。

大阪～伊勢志摩間の主役は「乙特急」だ。鶴橋～伊勢中川間の停車駅は布施、大和高田、大和八木、榛原（はいばら）、名張、桔梗が丘、伊賀神戸、榊原温泉口（さかきばら）。ただし、全列車が停車するのは大和八木、名張のみで、布施駅に停車する特急は1日上下各2～3本のみだ。また、桔梗が丘駅には朝ラッシュ時は上り特急、夕ラッシュ・夜間時は下り特急が停車する。

このように見ていくと、ターミナル駅以外の駅に特急が停車する理由を考えてみるのも面白いかもしれない。

「発メロにクラシック音楽」は、特急列車のみに使用

各鉄道会社では、列車の発車時に駅ホームに駅発車メロディー（発メロ）を流すことが多いが、近鉄では原則として特急列車の発車時しか流れない。近鉄における発メロは、特急の特権といえる。

試しに、近鉄名古屋駅で特急が発着する4番・5番線ホームに立ってみよう。大阪難波行き「アーバンライナー」の発車前に、イヴァノヴィチ作曲のクラシック曲『ドナウ川のさざなみ』が流れる。急行や普通など一般列車の発車合図はブザーであるため、より特急列車と一般列車との「格差」を感じる。近鉄名古屋駅での『ドナウ川のさざなみ』は昭和の時代から使われている。

今度は同じホームから大阪難波行き「ひのとり」が発車する。ふたたび『ドナウ川のさざなみ』が流れるものと思いきや、「和」を感じさせる華(はな)やかなメロディーが聞こえてきた。

これは2020(令和2)年3月の「ひのとり」登場に合わせてつくられた「ひのとり」専用のオリジナル曲『ひかりの鐘』だ。『ひかりの鐘』は近鉄名古屋駅のほか、始発駅の大阪難波駅でも流れる。

ほかの列車別の専用オリジナル曲として、観光特急「あをによし」向けの『三都旅絵巻』が挙げられる。勇壮なメロディーが特徴で、「あをによし」始発駅の大阪難波駅、近鉄奈良駅、京都駅で聴くことができる。

クラシック曲、オリジナル曲以外では映画音楽がある。近鉄名古屋駅では、伊勢志摩行きの特急の発車時に1956(昭和31)年公開のアメリカ映画『八十日間世界一周』のテーマ曲『Around the World』が流れる。伊勢志摩へのレジャー旅行にはぴったりの曲だ。

原則としてクラシック曲などをベースにした発車メロディーは特急専用だが、例外も存在する。特急が乗り入れない、けいはんな線の各駅では列車入線時・発車時にクラシック曲が流れる。

しかも学研奈良登美ヶ丘方面とコスモスクエア方面で曲が異なり、前者はベートーヴェンの交響曲第6番『田園』第一楽章、後者はドビュッシーの交響詩『海』が流れる。

近鉄特急が阪神電鉄に乗り入れたことがある!

近鉄特急は原則として近鉄線内を走るが、まれに阪神線に乗り入れることがある。２００９（平成21）年に阪神なんば線が全通し、近鉄奈良〜神戸三宮間で近鉄・阪神による相互直通運転が開始された。阪神と近鉄の線路がつながったことにより、論理的には、阪神線内から伊勢志摩や名古屋へ直通運転ができるようになったのだ。

「近鉄特急が阪神線内を走る」——そんな夢のような光景が実現したのは2014（平成26）年3月のこと。団体列車として三宮（現・神戸三宮駅）〜賢島間を往復した。この団体列車は近鉄と阪神が企画し、日帰りツアー「初！ 神戸から伊勢志摩へ近鉄特急車両直通運転 阪神三宮駅発伊勢志摩への旅」の一環として運行された。

ツアーは4コースが設定され、宇治山田駅、鳥羽駅、志摩磯部駅、賢島駅にて乗降ができ、それぞれの駅から伊勢神宮や鳥羽水族館、志摩スペイン村などの観光施設を訪れる。使用車両は「Ace（エース）」の愛称を持つ汎用型特急車両22600系だ。

阪神への乗り入れ前には、22600系の一部編成に阪神のATS（自動列車停止装置）や列車無線の取り付けを行なった。つまり、すべての近鉄特急がそのまま阪神線に乗り入れることはできない、というわけだ。

神戸三宮発の近鉄特急車を使ったツアーは好評を博し、その後も次々と登場している。クラブツーリズム企画の旅行商品では、神戸三宮〜橿原神宮前〜京都間を走った。2022（令和4）年には、同じくクラブツーリズムの旅行商品にて、天理駅に寄り道しながら、神戸三宮駅から近鉄名古屋駅までを走破した。所要時間は約6時間ということで、近鉄・阪神を満喫できる旅となった。

●阪神なんば線の路線図●

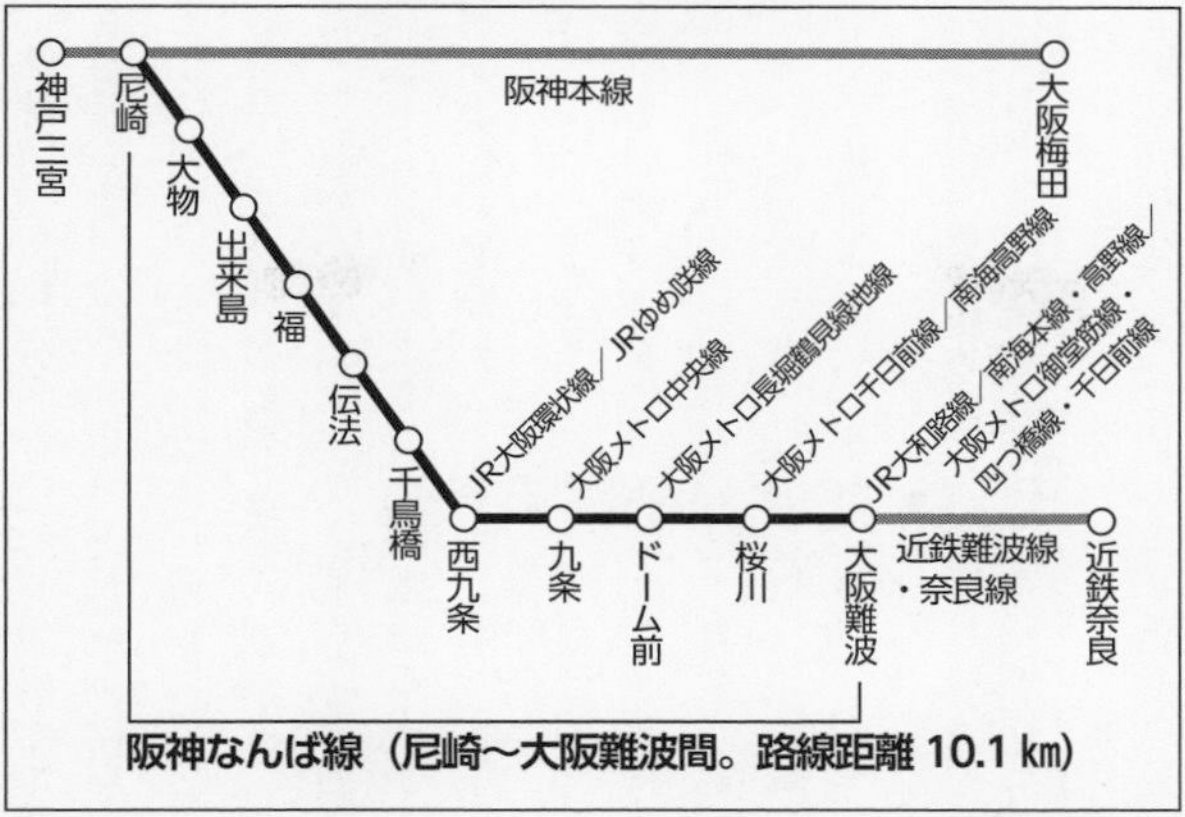

一般車両は阪神との相互直通運転が活発だが…

このように、団体列車では近鉄特急が阪神線に乗り入れるが、2024（令和6）年4月時点では定期列車の運行計画はない。運行面の関係もあるのだろうが、問題の1つは特急料金システムの違いだ。

近鉄特急の乗車には特急料金が必要だが、阪神の特急は特急料金の必要がない。また、阪神特急は近鉄特急と異なり、特急専用車両がなく、一般車両を用いる。つまり、両者のあいだで料金制度や車両が大きく異なるため、近鉄特急を阪神線で定期列車として運行することは簡単ではないというわけだ。

ところで、阪神は山陽電気鉄道とも相互直通運転を実施しており、近鉄名古屋〜山陽姫路間は1本のレールでつながっている。

しかし現在は、団体列車も含めて、近鉄線〜山陽姫路間に特急列車を運行する計画はない。伊勢志摩の観光施設と姫路城を組み合わせ、近鉄特急を使ったツアーはなかなか魅力的だと思うのだが……。

短命に終わってしまった「アーバン効果」とは

令和も2024年に6年を迎えた。もう「平成は遠くなりにけり」といった感である。

いまから36年前、平成の誕生とともに近鉄沿線の界隈（かいわい）で流行したワードがある。それが「アーバン効果」だ。中高年以上の読者にとっては懐かしい言葉だろうが、若い読者にとっては新出（しんしゅつ）単語かもしれない。改めて「アーバン効果」を振り返ってみたい。

時を１９８０年代の前半に戻す。当時、大阪〜名古屋間は国鉄（現・ＪＲ）の運賃値上げが影響し、名阪間における近鉄のシェアが上がり始めた頃だ。名阪特急の暗黒期は東海道新幹線開業以降の１９７０年代であり、当時は、なんと２両編成で運行されていた。１９７０年代末からの断続的な国鉄運賃の大幅値上げにより、近鉄は命拾いしたのだ。

当時の近鉄の特急車両に目を移すと、３００００系「ビスタカー」が花形車両であったが、どれも貫通型の同じような「顔」ばかり。効率面から見るといいかもしれないが、一般利用者からすると面白みに欠ける存在だった。

そこで近鉄は、新たなシンボルとなる特急列車の製造に着手。外部デザイナーも加わり、２年あまりの時間をかけて開発・設計を行なった。

開発の基本方針は「ニューシンボル」「ニューベーシック」「ニューアビリティ」

である。基本に忠実でありながら、多様化するニーズに応えることができる近鉄のニューシンボル車だ。

そして、1988(昭和63)年に登場したのが、21000系「アーバンライナー」であった。「アーバンライナー」は名阪特急専用として開発されたため、流線形の6両固定編成に。また、専用車両であることをアピールすべく、塗装は白色ベースにオレンジ色の帯を配し、それまでの近鉄特急とはまったく異なるデザインになった。

さらに、従来の近鉄特急車両の定番であった前面の行先・種別表示機器は「運用が名阪甲特急に限定される」ということで、省略された。

車両は、JRのグリーン車にあたる「デラックス車」が設けられた。デラックス車の座席配列は1列+2列となり、さらに普通車にあたるレギュラー車も含め、シートピッチが980ミリ(12200系)から1050ミリに拡大され、居住性が増した。

「アーバンライナー」は1988年3月ダイヤ改正で登場し、同時に鶴橋〜近鉄名古屋間ノンストップの名阪甲特急の最高速度が時速120キロに引き上げられた。鶴橋〜近鉄名古屋間を2時間切りの1時間59分で走るスピード感、そして車両の人

近鉄名阪特急に革命を起こした21000系「アーバンライナー」

進化形の21020系「アーバンライナーnext」は2003年に登場

気も抜群で、1989（平成元）年には鉄道友の会から「ブルーリボン賞」を受賞している。

「アーバンライナー」の人気はバブル景気もあいまって、名阪間の輸送人員にも反映され、1990（平成2）年度には240万人を超えた。1985（昭和60）年度と比較すると25パーセント増である。つまり、「アーバンライナー」登場による名阪間の輸送人員の増加を表した言葉が「アーバン効果」なのだ。

しかし、この効果は長くは続かなかった。「アーバンライナー」の人気が凋落したわけではない。主因はバブル崩壊にともなう景気低迷である。また、1995（平成7）年に発生した阪神・淡路大震災、沿線の少子高齢化といった環境変化も挙げられる。さすがの「アーバンライナー」も、これらの要因に勝つことはできなかったのだ。

さて、「ひのとり」は新型コロナ禍の入り口にあたる2020（令和2）年3月に登場した。少なくとも、筆者の耳には「ひのとり効果」というワードはまだ聞こえてこないが、これから聞こえてくるのだろうか。

特急の車体は、どんな色で彩られてきたのか？

ひと昔前の近鉄特急の色といえば、オレンジ色を基色とし、紺色の帯だった。この「旧近鉄特急色」は1958（昭和33）年登場の10000系初代ビスタカーで採用された。10000系は高速電車としては世界初の2階建て構造の電車として有名だが、塗装面でも近鉄特急のイメージを大きく変えたといえる。

オレンジ色は人間の肌の色（当時の着想。現在は肌を一色で固定することはタブーとされている）、紺色は日本の伝統色である藍色をイメージ。これら2色を組み合わせることで、文化レベルの高い近畿地方を表現した。旧近鉄特急色は以降の近鉄特急でも採用され、昭和後期の近鉄特急の代名詞にもなった。

1990年代には塗装変更の話が持ち上がり、そのなかには水色を採用する案もあったという。結果的にそれまでよりも若干明るい色調にすることで落ち着き、旧近鉄特急色はアーバンライナーや伊勢志摩ライナーを除く、汎用特急車両の塗装として平成にも引き継がれた。

現在の塗装になったのは、2015（平成27）年のことである。近鉄は2200

かつての近鉄特急の定番は「オレンジ色に紺色帯」

新特急色車両(左)と旧特急色車両(右)

0系ACE（エース）のリニューアルを機に、汎用特急で採用されていた旧近鉄特急色の変更を発表。「新近鉄特急色」はクリスタルホワイトを基色とし、ブライトイエローとゴールドの組み合わせになった。前面はブラックが追加されている。

近鉄によると、新近鉄特急色は近鉄特急のブランドイメージの継続を意識しつつ、フレッシュで洗練されたデザインにしたという。先頭車のラインはスピード感を演出。また、側面にゴールドを入れることで、品格の高さも表現している。

そして、2021（令和3）年11月の12200系引退をもって、汎用特急車両の塗装は新近鉄特急色に統一された。

旧近鉄特急色と新近鉄特急色を比較してみると、色だけでなく、コンセプトもまったく異なることに気づく。このあたりは、時代の雰囲気や価値観の影響もあるのだろう。

近鉄特急の礎を築いた名車のユニーク設備とは

戦後に誕生した近鉄の特急型車両の車内をよく見ると、細かなこだわりやユニークな設備がいろいろあることに気がつく。

まず扉が折り戸であり、扉付近には洗面台がある。まるで自宅のように車内に入るなり、手を洗ってから席に座れるのだ。折り戸と洗面台の位置は収容性を高める工夫の一環だという。また、洗面台は足踏みペダル式であり、蛇口レバーはない。つぎはトイレだ。2021（令和3）年11月に引退した12200系では、製造当初から洋式トイレを設置した。

12200系が登場したのは1969（昭和44）年のことであり、和式トイレ全盛の時代。洋式トイレの設置は1970（昭和45）年開催の大阪万博を見越したものだった。当時、近鉄は伊勢志摩を「万国博第二会場」と位置づけ、外国人観光客を伊勢志摩に誘引しようとしていた。その一環で洋式トイレの導入に踏み切ったのである。

座席に座ったら、足下のヒーターが気になった。ヒーターは単なる箱ではなく、「逆く」の字に切れこみがある。足をヒーターの上に乗せることができ、窮屈さも感じない。ヒーターのおかげで足元はポカポカだ。

このヒーターの切れこみも偶然の産物ではない。12200系のシートピッチ（座席間隔）は980ミリであったが、山形の足載せ兼用のヒートカバーの採用により、寸法以上の空間を確保したのである。

12200系の乗降扉。折り戸になっている

「逆く」の字に切れこみが入っている足下のヒーター。
足置きとしても使用できる（写真：2点ともOka21000）

１９７７（昭和52）年登場の１２４００系「サニーカー」では、客室の壁に伊勢志摩や奈良大和路をあしらったイラストが描かれた。当時、日本の鉄道車両の車内は実用重視だった時代。遊びごころあふれるイラストは大いに注目されたのだ。

このように、昭和生まれの特急型車両はどこかアナログチックな、あの手この手の工夫が見られた。乗客もずいぶんと楽しむことができたことだろう。

4章

◉独創的な名車が続々と登場！

近鉄の車両を知る

●通勤用の主力車両「シリーズ21」は何が画期的だった？●

近鉄には、「シリーズ21（トゥエンティワン）」と呼ばれる通勤電車が存在する。近鉄が21世紀に向けて取り組んだ次世代型通勤電車で、形式名でいうと京都線3220系、奈良線・大阪線5820系、南大阪線6820系といった面々である。

見た目をわかりやすく説明するなら、「白色とねずみ色の電車」。第一弾の3220系が誕生したのは2000（平成12）年3月だ。この、ほかの通勤電車とは一線を画す「シリーズ21」はどのような経緯で誕生したのだろうか。

近鉄における通勤電車の歴史をひも解くと、1986（昭和61）年からアルミ車体とVVVFインバータ制御装置を採用。以降、デュアルシートなどの新技術を取り入れながらも、基本設計は変わらずであった。

21世紀を目前にして、通勤電車に対する新たな需要や社会変化に対応するべく、近鉄ではモデルチェンジを決断。こうして、誕生したのが「シリーズ21」である。

「シリーズ21」は5つの視点から設計された。すなわち、

①高齢化社会に対応できる人にやさしい車両

②地球にやさしい車両
③コストダウンの重視
④社員にとって扱いやすい車両
⑤21世紀にスタンダードになる車両
である。

それでは、右記の5つの軸から「シリーズ21」を観察してみよう。

まず、高齢者にやさしい設備として「らくらくコーナー」が挙げられる。これはロングシートの扉寄り1席を「らくらくコーナー」と称し、扉とは反対の座席側にも肘掛(ひじか)けを設けた。つまり、両手で肘掛けをつかみながら立てるようになっている。

また、細かな工夫として吊手(つりて)の高さを3段階にしている。もっとも低い吊手の

「シリーズ21」に属する5820系

高さは、従来と比較して85ミリメートルも低くなった。

環境面ではシートの腰掛けクッションに注目したい。日常的にお世話になることが多いと思うが、素材はポリエステル樹脂（じゅし）でリサイクル可能だ。また、車体の構造部や天井内装材もリサイクルができる。

コストダウンの面では、パンタグラフが挙げられる。「シリーズ21」は従来の電車と異なり、「く」の字の形のシングルアームパンタグラフを採用した。シングルアームパンタグラフの採用により、部品点数の大幅な削減に成功している。

これからの時代は労働人口が減少することもあり、いかに社員に労働負荷をかけないかという点も大切だ。「シリーズ21」では冷暖房、送風も含め、オン・オフの判断も自動で行なう全自動運転を導入。人による判断が削減されたことにより、乗務員の負担軽減につながった。

最後の「21世紀のスタンダードになる車両」という点は、塗装に反映されているように感じる。従来の通勤電車から一新した塗装は、上半分がアースブラウン、下半分がクリスタルホワイトに。両者のあいだにサンフラワーイエローのラインを入れた。

アースブラウンは「歴史を育（はぐく）んできた大地が朝日に染まるさま」、クリスタルホ

9020系の車内。扉寄りの席が「らくらくコーナー」(写真:ちょろ)

「シリーズ21」に搭載されているシングルアームパンタグラフ

ワイトは「打ち寄せる波の輝きと躍動感（やくどうかん）」を表現。サンフラワーイエローは近鉄の「野性的だがあったかい」というイメージを、咲き誇るひまわりになぞらえた。まとめるなら、未来志向な塗装といった感じだろうか。

「シリーズ21」は諸般の事情から、昭和生まれの通勤電車を総取り換えとまではいかなかったが、現在も第一線で活躍している。鉄道車両はその時代の社会背景をもとに製造された商品だ。じっくり観察すると、その時代の価値観を垣間（かいま）見ることができる。まるでタイムカプセルのように感じられ、なかなか興味深い。

●一般車両がまとってきた「近鉄マルーン」の歴史●

マルーン色と聞いて、すぐに思いつくのは阪急電鉄の車両を彩（いろど）っている「阪急マルーン」だろう。そもそも、マルーン色の「マルーン」とは栗（マロン）に由来する。茶色系統の色であり、長らく多くの鉄道会社も愛用してきた。

近鉄もマルーン色を用いており、かつては阪急のようにマルーン色の一色塗りだった時代もある。しかし、近鉄のマルーン色は阪急ほど有名ではない。これはなぜだろうか。

近鉄一般車の塗装遍歴は、なかなか複雑だ。第二次世界大戦後、初めてマルーン色を採用した車両は1954（昭和29）年のモ1450形であり、車体の下半分に施(ほどこ)された。

モ1450形は1952（昭和27）年に製造された大阪線向けのク1560形2両からの改造車であり、高性能車両の試作車であった。結局は試作車という位置づけにとどまり、1985（昭和60）年に廃車となったが、塗装も含めて現在の近鉄一般車のベースをつくった車両といえるだろう。

しかし、モ1450形で登場したマルーン色は短命に終わり、1963（昭和38）年には「あかね色」に変更される。当時の新性能車両はベージュ・青帯など、さまざまな塗装をまとっていたが、順次「あかね色」に変更された。

ところが、5年後の1968（昭和43）年頃に「あかね色」から「近鉄マルーン」に変更される。そして、1986（昭和61）年までの18年間は「近鉄一般車＝近鉄マルーン」となった。阪急マルーンと比較すると、近鉄マルーンは赤みが強いように感じられる。当時の人々は近鉄一般車を「茶色の電車」のほかに「赤い電車」と表現したことだろう。

1986年、京都市営地下鉄烏丸(からすま)線乗り入れ対応車である3200系から、現行の「近鉄マルーンレッド」と「シルキーホワイト」のツートンカラーになった。近鉄マルーンの単色と比べると、より目立つ塗装になったといえる。

近鉄が阪急と大きく異なる点は「マルーン一筋（ひとすじ）」ではない点だ。先述したように、戦後の高性能車両はマルーン色とはまったく異なる塗装をまとっていた。そのため、創業以来マルーン色をまとっている阪急には、イメージ戦略で勝てなかったという具合だ。

なお、近鉄は2000０（平成12）年に新たな一般車「シリーズ21」がデビューしたが、「近鉄マルーンレッド」は一切使われていない。この塗装のバラバラ感も近鉄の特色といっていいのかもしれない。

ホワイトとマルーンレッドの2色塗装が導入された3200系

●特急車両が「低い側面窓」にこだわる理由とは●

2019（令和元）年、関東で鉄道界を揺るがした特急型車両が登場した。それは西武鉄道の001系（ラビュー）だ。

斬新なデザインもさることながら、多くの乗客が驚いたのは窓の位置が低い点だ。窓が大きく、その位置も低いことにより、乗客の視野が広がる開放的な電車になったのだ。

たしかに、ラビューは素晴らしい車両だが、じつは近鉄も、10年ほど前から窓の位置の低さにこだわりを持った車両開発を行なっている。

近鉄のこだわりを説明する前に、鉄道車両の構造基準を確認しておきたい。世の中に出まわっている製品と同じく、鉄道車両も省令等で細かく定められており、「座席の側面または背面窓は、床から80センチメートル以上の位置に設置する」と決まっている。

西武鉄道のラビューの側面窓は、床面から40センチの位置にある。「それはルール違反ではないか」というと、そうではないのだ。開閉をしない固定窓は、この基準の対象外なのである。

２０１３（平成25）年登場の観光特急５００００系「しまかぜ」も、眺望を強く意識した車両だ。「プレミアムシート」を備えた両先頭車の展望車両では床面の高さを上げたハイデッカー構造に。そして、側面の大型窓を床面から50センチの位置に設置した。

人は着席時において、強く意識しない限り、視線を上げないものだ。どちらかというと視線は斜め下になることが多いのではないだろうか。そのように考えれば、開放的な空間をつくり出すために、窓の位置を下げることは理にかなっている。「しまかぜ」の展望車両は前面展望もあいまって、上々の評判だ。

「側面窓の低さ」は、２０２２（令和４）年登場の観光特急「あをによし」にも引き継がれている。2号車「サロンシート」では近鉄最大となる縦約１・２メートル、横約２メートルの側面窓を車両の強度上ギリギリの床面約50センチに設置した。「サロンシート」は半個室なので、グループ客で近鉄ご自慢の眺望を独占できる。

今後も近鉄のみならず、全国的に特急列車や観光列車を中心に窓の位置が低い車両が続々と登場することだろう。ついつい前面展望に注目しがちだが、側面窓も観察すると、技術者の苦労がさらにわかるはずである。

「しまかぜ」展望車の側面窓。下辺は肘掛けの位置よりも低い

「あをによし」のサロンシートも大型の窓を採用

●塗装やインテリアがよく変わる観光列車の正体とは●

観光列車「つどい」は登場から10年ほどしか経っていないが、2024（令和6）年には早くも2回目のデザイン更新となった。これほど、デザインがコロコロ変わる観光列車も珍しいのではないだろうか。しかも、ハンモックが置かれたり、時には足湯（あしゆ）列車になったり、マルチに働く観光列車なのである。

「つどい」は伊勢神宮の第62回式年遷宮（しきねんせんぐう）に合わせるかたちで、2013（平成25）年に登場した。同期の観光特急「しまかぜ」とは異なり、新造車ではなく通勤電車2000系3両編成からの改造車だ。そのため、車両性能は変わらず、塗装や車内レイアウトのみが変更されている。

登場時の外観は、伊勢・鳥羽・志摩の魅力をイラストで表現。ポップな塗装となり、通勤電車時代のイメージを一新した。座席は景色がよく見えるように窓に向けて配置。1号車の半分はフリースペース「風のあそびば」に、2号車にはバーカウンターが設置され、さまざまなイベントに対応する「イベントスペース」となった。

3号車は座席となっているが、運転室付近に子どもが遊ぶことができる「こども運転台」を配置するなど、観光特急とはまた異なった遊びごころ満載の車両に仕上がった。

「つどい」は、２０１７（平成29）年夏まで鳥羽線・志摩線で活躍。２０１８（平成30）年からは、湯の山温泉へのアクセス路線である湯の山線での運行を開始した。

この年に1回めのデザイン更新を実施。外装がブラウンとクリーム色のツートンカラーとなり、ゴールドのラインが入った。一見すると、昭和末期に見られた兵庫県の能勢（のせ）電鉄の旧塗装によく似ている。車内は床カーペット、座席生地の交換が行なわれたが、基本的なレイアウトは変わっていない。

同年には湯の山線で「足湯列車」としての運行が始まった。同線での運行にさいし、2号車「イベントスペース」にひのきづくりの足湯キットを設置。湯の山線沿線にある菰野（こもの）温泉の源泉を利用し、車内で足湯を楽しめる。

足湯とはいえ、10分ほど足湯につかると、全身が温かくなり、本当に温泉に入った気分になる。「足湯列車」は新型コロナ禍を経て、２０２３（令和５）年度にも運行された。

そして、２０２４（令和6）年2月には、2度めのデザイン更新が行なわれた。今回は「つどい」の由来ともなった「自然と人が集まりワイワイにぎやかに楽しん

初回リニューアルでレトロなデザインとなった「つどい」

2024年2月に2回目のリニューアルを行なった「つどい」

でいただく」をテーマに、「イエローグリーン」をメインカラーに。自然、温泉、ビールを散りばめ、ポップな外装に回帰した。また、ロゴマークも一新。車内は座席部の生地やテーブルカラーなどが変わり、明るい雰囲気となっている。

「つどい」は観光特急「しまかぜ」「あをによし」とくらべると、観光特急ではないだけに、あまり目立たない存在だ。しかし、このようにデザインがコロコロ変わることから、乗車するたびに新たな発見がある。利用者にとって非常に面白みのある観光車両だといえるだろう。

●JR「新快速」車両の起源は、近鉄5200系だった?●

本書は近鉄をメインテーマにしたものだが、ここではJR西日本の車両を取り上げたい。関西圏の読者の方なら、JR西日本が運行する新快速はご存じだろう。京都・大阪・神戸を結び、片側3扉の転換クロスシート車両で運行される列車だ。1989(平成元)年に新快速向けの車両として登場した221系以降、「新快速＝片側3扉クロスシート車両」という図式が定着したように感じる。

じつは、平成以降の新快速のイメージを築いたJR西日本221系のモデルが近鉄車両にあるという。いったい、どういうことなのだろうか。

近鉄は路線距離が長いことから、昭和の時代から特別料金不要のクロスシート車両を運行してきた。しかし、どれも向かい合わせのボックス型シートであり、特急列車との格差は大きかった。

1988（昭和63）年、近鉄の長距離列車のイメージを覆す新車が登場する。それが、5200系だ。5200系は快適さを追求した「モア・コンフォタブル」、通勤通学・長距離輸送・団体輸送などあらゆる場面で使える「マルチ・パーパス」、保守の合理化と省エネを実現する「モダン・テクノロジー」をコンセプトとした。

外観は片側3扉となり、車内は転換クロスシートがずらりと並ぶ。快適性はボックスシートと比較して格段に向上し、特急列車との格差は縮まったといえるだろう。ドア付近の仕切りにも折りたたみシートを設置した。

さらに、5200系は片側3扉を採用したことにより、2扉車と比較すると、ラッシュ時間帯でもスムーズな乗降を可能にした。2007（平成19）年からリニューアル工事を実施し、現在も大阪線や名古屋線の急行運用に就いている。

さて、近鉄5200系とJR西日本221系の関係性だが、じつは興味深い共通点がある。ともに車両メーカーが同じ近鉄系列の近畿車輛なのだ。

急行兼団体用車両として登場した5200系

快速から普通まで幅広く運用されるJR西日本221系

221系は5200系に遅れること1年後に登場している。JR西日本の担当者が5200系を参考にしたと考えても無理はないだろう。事実、『関西新快速物語』（寺本光照／福原俊一著、JTBパブリッシング）によると、221系を設計したJR西日本の担当者は、5200系にかんして「同じ3扉転換クロスシート車として車体設計などで参考にした部分はあったようだ」と述べている。

歴史に「もし」は禁物だが、近鉄が片側3扉転換クロスシート車両を登場させていなければ、今日の新快速も違った姿になっていたかもしれない。

最後に2024（令和6）年4月現在、5200系、221系ともに廃車は発生していない。両車ともリニューアルを経て活躍しており、名車にふさわしい姿を見せている。

●唯一のオールステンレス車が「レア車両」となった事情●

2024（令和6）年4月現在、近鉄にステンレス製の車両は存在しない。そもそも南海電鉄を除き、関西大手私鉄ではステンレス車両は少数派だ。

ただし、2012（平成24）年までは、近鉄にもステンレス車両が存在した。それが３０００系である。

３０００系は近鉄初のステンレス車両として１９７９（昭和54）年に登場した。当時、近鉄京都線と京都市営地下鉄烏丸線との相互直通運転の計画があり、３０００系は烏丸線に乗り入れることを想定して製造された車両である。

３０００系が登場した頃は「省エネルギー」「省メンテナンス」が世の中のキーワードとなっていた。１９７０年代のオイルショックにより、日本国内で経済や生活の混乱が起こっていたからである。そのため、鉄道業界でも「省エネルギー」「省メンテナンス」の車両が求められていたのだ。

３０００系はそんな世情を反映した意

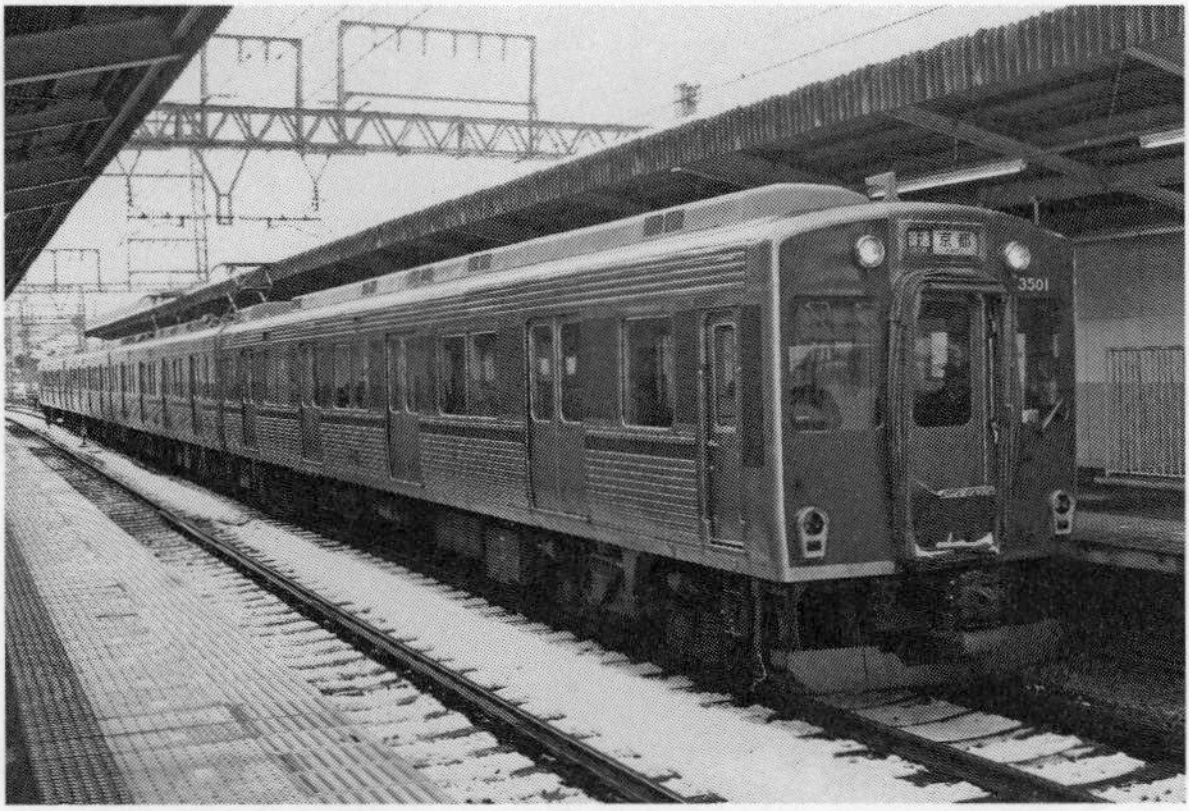

量産には至らなかった近鉄初のステンレス車3000系

欲的な車両だった。車体はオールステンレスとなり、従来の鋼鉄車と比較するとメンテナンスに割く労力が軽減した。また、1車両あたり平均約2トンの軽量化も実現している。

制御面では、こちらも最新技術となる回生ブレーキ付き電機子チョッパ制御が採用された。回生ブレーキでブレーキをかけるとモーターが電気を生み出し、その電気を架線に返すという、エネルギー効率に優れたしくみである。

電機子チョッパ制御は直流モーターを制御する方法の1つで、超高速で電流のオン・オフをくり返す。この電機子チョッパ制御の採用により、先述した回生ブレーキが使えるようになった。

電機子チョッパ制御のメリットは、ほかにもある。それは制御器からの発熱を防ぐことだ。旧来の抵抗器は発熱し、とくに地下鉄では頭痛の種だった。地下鉄路線に抵抗器を備えた冷房車両を投入すると、冷房機の熱と抵抗器の熱が合わさり、トンネル内の温度が上がる可能性があったのだ。そのため、地下鉄路線では車両の冷房化が遅れたのである。

電機子チョッパ制御を採用すると抵抗器が不要になり、車両からの発熱がある程度抑えられる。昭和の時代に冷房機を備えた地下鉄車両は、電機子チョッパ制御を採用した例が多い。

３０００系は地下鉄直通の冷房車両として製造されたので、右記のような一般的な設計思想が存在したように思われる。また、運転台も人間工学を取り入れたうえで一新した。

このように、将来の近鉄車両の試金石（しきんせき）として登場した３０００系だったが、近鉄の標準車両にはならなかった。電機子チョッパ制御はコスト面の問題から、以降の車両に採用されることはなかったのである。３０００系は試作車としての位置づけにとどまり、４両１編成のみの製造となった。

結局、京都市営地下鉄烏丸線の直通専用車両は、１９８６（昭和61）年登場の３２００系となった。３２００系では３０００系の経過を踏まえたうえで、コスト面と軽量化の両面からアルミ車体を採用。制御器は交流モーターが利用できるＶＶＶＦインバータ制御を取り入れた。近鉄京都線と京都市営地下鉄烏丸線との相互直通運転が実現したのは、１９８８（昭和63）年のことである。

以後、近鉄ではアルミ車体とＶＶＶＦインバータ制御が標準仕様となる。その後、３０００系は細々（ほそぼそ）と京都線・橿原線で活躍を続けてきたが、晩年は制御機器の故障が目立つようになり、先輩車両よりも若い、33年での廃車となった。

３０００系の前面ボディカットは高安（たかやす）車庫で保存されており、「きんてつ鉄道まつり」で公開されている。

●英王室と深い関係にあった特急車両とは●

２０２２（令和４）年、イギリスのエリザベス女王が亡くなり、１つの時代が終わった。近鉄ではその前年にあたる２０２１（令和３）年に近鉄特急史において一時代を築いた１２２００系が引退した。

エリザベス女王と近鉄１２２００系、まったく関係がないように見えるが、１２２００系はエリザベス女王にとって縁（ゆかり）のある車両なのだ。

１９７５（昭和50）年5月、日本を訪問したエリザベス女王は、フィリップ殿下とともに１２２００系に乗車。京都駅から五十鈴川（いすずがわ）駅、鳥羽駅から近鉄名古屋駅まで移動した。

当時、１２２００系は近鉄特急の看板列車であった。そこで、１２２００系１２２５６編成がエリザベス女王の乗車する「貴賓（きひん）列車」に指名され、特別整備が行なわれた。女王が乗車する１２３５６号車の車内にはベージュのカーペットが敷かれ、さらに1人掛けの豪華な大型の座席とテーブルが置かれた。女王が座った座席は現在も近鉄社内で大切に保管されている。

エリザベス女王一行は五十鈴川駅から伊勢神宮内宮を訪問。その後、ミキモト真珠島を訪れ、鳥羽国際ホテルに宿泊した。女王は近鉄沿線の風景を見て、「車窓からの眺めがすばらしい」と感想を述べたという。

先述したとおり、12200系自体は引退したが、エリザベス女王が乗車した車両は現在も近鉄線で乗ることが可能である。それが2022（令和4）年に登場した観光特急「あをによし」だ。

「あをによし」は12200系12256編成を改造し、形式名は19200系となった。エリザベス女王が乗車した12356号車は19301号車に変わり、「あをによし」1号車となった。もちろん、車内は女王の乗車時とは大きく変わっているが、乗車を通じて歴史の流れを感じるのも悪くはないだろう。

じつは、近鉄とイギリス王室との関係は、大正時代から始まっている。1922（大正11）年、のちのエドワード8世になるエドワード皇太子が近鉄の前身にあたる大阪電気軌道（大軌）に乗車したのだ。

乗車区間は奈良駅から上本町駅まで。内装を豪華にした61形2両編成がエドワード皇太子を出迎えた。大軌はこのときが史上初の連結運転だったという。当日の運転士や駅員といった地上係員の胃はヒリヒリと痛かったに違いない。

2025(令和7)年には、大阪市南港の夢洲(ゆめしま)で大阪・関西万博が開催される。万博会場へは近鉄けいはんな線と相互直通運転をしている大阪メトロ中央線が乗り入れる。おそらくは、万博開催時には海外から多くの要人が来るだろう。そのさいに近鉄を利用して、伊勢志摩を訪れるＶＩＰもいるかもしれない。

●近鉄が有する「意外なスピード記録」とは●

近鉄には、いまだに破られていない国内最高速度がある。それは「第三軌条(きじょう)方式の国内最高速度」という記録だ。

まず、第三軌条方式を確認しておこう。通常、電車は電気を取りこむために、車体上部にあるパンタグラフから集電(しゅうでん)する。

しかし、大阪メトロ御堂筋(みどうすじ)線・谷町(たにまち)線や東京メトロ銀座線・丸ノ内線の車両の上部を見渡してもパンタグラフは見当たらない。それでも立派な「電車」である。

これらの路線は第三軌条方式を採用している。わかりやすくざっくり書くと、レ

●第三軌条方式のしくみ●

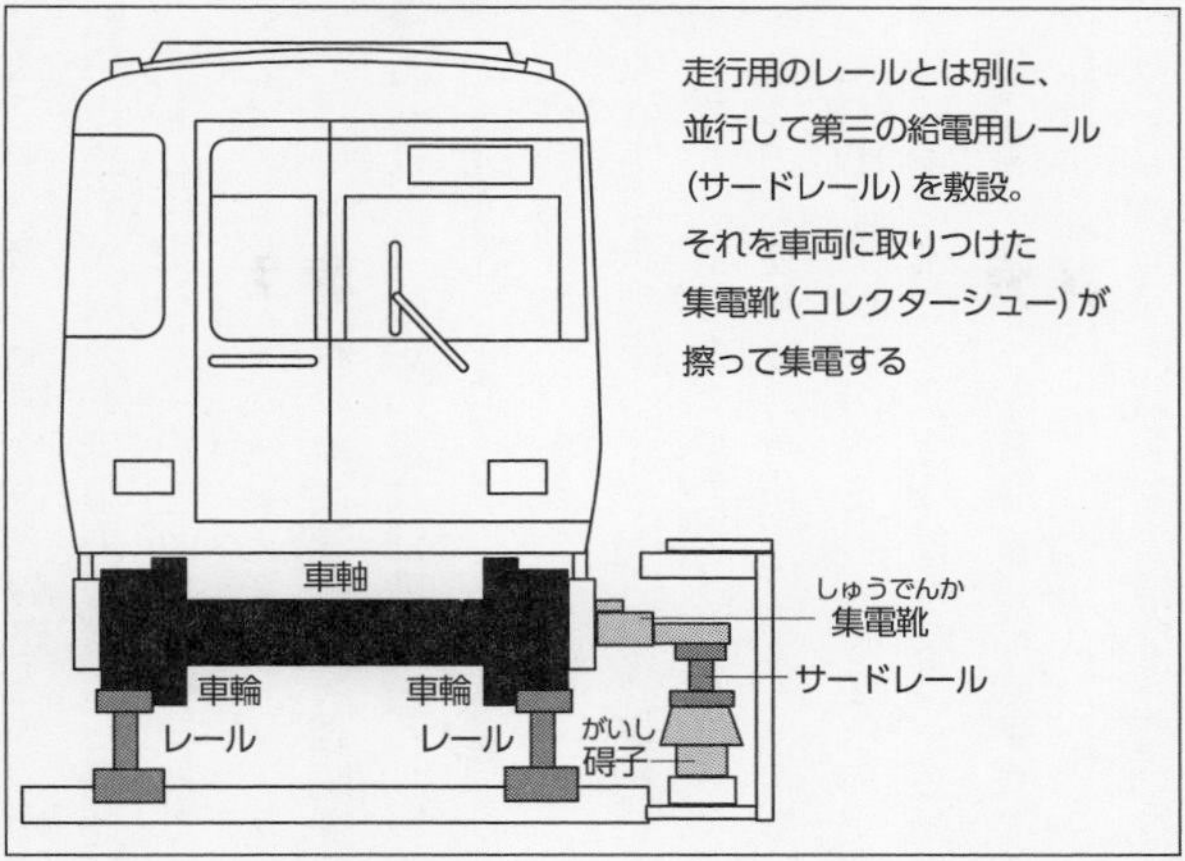
走行用のレールとは別に、
並行して第三の給電用レール
(サードレール) を敷設。
それを車両に取りつけた
集電靴 (コレクターシュー) が
擦って集電する
車軸
しゅうでんか
集電靴
サードレール
車輪
車輪
レール
レール
がいし
碍子

ールの横に電気が流れる「第三のレール」があり、電車の台車付近に取りつけた器具「集電靴(か)」を通じて「第三のレール」から集電しているのだ。

第三軌条方式を採用する理由の1つとして、コストが挙げられる。上部にパンタグラフを設置しない分、トンネルを小さくすることができ、その分、コストも浮くというわけだ。

一方、デメリットとして、架線よりも感電する可能性が高いため、低電圧にならざるを得ないということがある。低電圧では高出力モーターの使用や電車の大型化が難しい。その結果、通常の電車よりもスピードが遅くなってしまうのだ。

近鉄で唯一の第三軌条方式の路線が、けいはんな線だ。けいはんな線は同じく第三軌条方式の大阪メトロ中央線と相互直通運転を実施している。

中央線の各駅から生駒方面の電車に乗ると、けいはんな線内で一気にスピードが上がるように感じる。それもそのはず、大阪メトロ中央線の最高速度は時速70キロだが、けいはんな線の最高速度は時速95キロなのだ。この時速95キロこそが、第三軌条方式における国内最高速度である。

けいはんな線の前身である東大阪線が開業した１９８６（昭和61）年時点では最高時速は時速70キロであった。しかし、並行する奈良線と比較すると速達性に欠け、新石切（しんいしきり）～生駒間は5・7キロと都市路線にしては駅間距離が長く、早期からスピードアップが検討されていた。

そこで、１９８８（昭和63）年から2年にわたり、鉄道総合技術研究所に依頼するかたちで第三軌条方式での高速運転の実験が行なわれた。その結果、スピードアップには集電靴の小型化などの改良が必要という結論に至った。コスト面との兼（か）ね合いにより、目指す最高速度は時速95キロとなったのである。

２００３（平成15）年には、７０００系と大阪市交通局（現・大阪メトロ）中央線の車両を用いて、ブレーキ性能や集電性能の確認実験が行なわれた。そして、２０

06（平成18）年に学研奈良登美ヶ丘駅への延伸、並びに「けいはんな線」への改名を機に、最高時速95キロ運転が実現したのである。

●7000系が「近鉄っぽくない」車両になった理由●

デビューから40年以上が経過しているにもかかわらず、現在も他の近鉄一般車と一線を画している車両がある。それが、前項でも触れた、けいはんな線専用車両の7000系だ。7000系は東大阪線（現・けいはんな線）専用の通勤電車として、1984（昭和59）年に試作車が登場した。

東大阪線は大阪市営地下鉄（現・大阪メトロ）中央線との相互直通運転により、生駒駅から大阪都心への新しい足となることを目的として計画された。そのため、同線の集電方式は地下鉄と同じくレール横に設置された電流線レールから電気を取る「第三軌条方式」が採用された。

つまり、パンタグラフを通じて集電する従来の近鉄電車では東大阪線への乗り入れができないため、第三軌条方式の新たな車両が必要になったというわけだ。

1986（昭和61）年に東大阪線が開業し、7000系は大阪都心を経て大阪港駅まで乗り入れた。現在も大阪メトロの車両に交(ま)じって学研奈良登美ヶ丘～コスモスクエア間で活躍している。

さて、7000系が生まれた背景には、東大阪線のスローガン「21世紀を目指す鉄道」がある。「21世紀を目指す鉄道」である以上、当然のことながら鉄道車両も新デザインが求められた。

東大阪線の計画・建設が進んだ1970年代後半以降、日本は高度経済成長期を終え、鉄道車両は「単に人を運ぶもの」という考えから脱却する必要があった。なぜなら自家用車やミニバイクが普及し、鉄道は移動手段の一手段になったからだ。つまり、鉄道車両は沿線住民に「乗りたい」と思わせるような存在でなければならない。このような思想のもと、7000系のデザインポリシーは「未来を目指す車両」「ホスピタリティー(もてなし)を持つ車両」となった。

そして、未来や優しさを表現するために、7000系は従来のような四角い電車ではなく、丸形の柔らかいフォルムを採用。また、凹凸(おうとつ)のないスッキリとした外観となった。

車内はできる限り広くとり、居住性が大きく向上した。一方、車両と駅ホームとの接触を防ぐために車両限界も考慮する必要があり、車体上部・下部は大きく絞っ

近鉄の一般車両のなかでも異彩を放つ7000系

けいはんな線では大阪メトロの新型車両400系も走る

ている。そのため、卵のようなイメージの車体になったというわけだ。

塗装も旧来の近鉄マルーンとは大きく異なるホワイト・オレンジ・ブルーの組み合わせだ。基色（きしょく）となったホワイトは若々しさ、新鮮さ、都会的な表現をイメージ。オレンジは生駒山（いこまやま）の太陽、ブルーは大阪湾の海を表している。

このような画期的なデザインが評価され、１９８６年に鉄道車両としては日本初となる通商産業省（当時）の「グッドデザイン賞」を受賞した。

２００４（平成16）年、けいはんな線全通にともない増備車７０２０系が投入されたが、車両デザインや塗装は７０００系を踏襲（とうしゅう）している。７０００系のデザインが近鉄社内や沿線住民にも高く評価されている証拠だろう。

一方、大阪メトロ中央線では、２０２３（令和５）年に４００系が登場し、従来の地下鉄車両の概念を超えた車両デザインに注目が集まっている。

昭和と令和、それぞれの時代において鉄道車両のデザインに新風をもたらした近鉄７０００系・大阪メトロ４００系の競演が見られるけいはんな線は、全国的に見ても興味深い路線といえる。

●長きにわたって関西の台所を支えた「鮮魚列車」とは●

昭和から平成にかけて近鉄と関東の京成電鉄には、ある共通点があった。それは両社ともに新鮮な野菜や魚介類を運ぶ行商人の専用列車を運行していた点だ。

そもそも行商人とは、地方で農産物や魚介類を手に入れ、都会で売る人たちだ。昭和の時代は行商人が街の市場で売る光景がよく見られたが、平成以降はめっきりと減った。

近鉄と行商人との関係は古い。1963（昭和38）年、近鉄は魚介類を運ぶ行商人の増加を受け、魚の臭い(にお)がほかの乗客の迷惑にならないように、「伊勢志摩魚行商連合会」の団体貸切列車として鮮魚(せんぎょ)列車を設定した。

ダイヤは原則として日曜日・祝日を除く毎日、上り（大阪上本町方面）は宇治山田発上本町（現・大阪上本町）行き1本、下り（松阪方面）は上本町発松阪行き1本が設定された。宇治山田駅発は朝6時台、上本町駅発は17時台であり、実際に鮮魚列車を目にしたことがあるという方も多いだろう。

また、特急とまではいかなくても急行と同程度のダイヤであり、想像以上に俊足な列車であった。

近鉄の鮮魚列車は、2013(平成25)年に京成が行商人専用車両を廃止したあとも続いていたが、車両の老朽化や利用者の減少により、運行を終了したのは2020(令和2)年3月のことだった。

使用車両は5代にわたった。最後の車両は2011(平成23)年11月に登場した2680系3両編成である。2680系はおもに名古屋線の急行として活躍。鮮魚列車の就任にあたり、塗装は先代車両にならって近鉄マルーンに白帯となった。

一方、初代から4代目まで続いた「鮮魚」と書かれたサボ(看板)はなくなり、「鮮魚」と記された方向幕が入れられた。

「鮮魚列車」は姿を消したが、新たに「鮮魚車両」が鮮魚列車からバトンを受け継ぐかたちで生まれた。それが専用車両「伊勢志摩お魚図鑑」である。

この車両は2410系1両を改造し、車体には伊勢エビやフグなど伊勢湾にいる43種類もの海の幸が描(えが)かれている。車内は基本的に改造前のロングシートだが、一部の扉前に青いケースが置かれた。ケース付近にある扉は開閉しない。

「伊勢志摩お魚図鑑」は平日の松阪駅6時台発大阪上本町行き急行(名張駅から快速急行)、大阪上本町8時台発松阪行き快速急行に連結されている。夕方時間帯には鮮

伊勢湾の海産物を都市に届ける役割を果たした鮮魚列車(右)

2020年デビューの鮮魚運搬車両「伊勢志摩お魚図鑑」

魚車両は連結されていない。

鮮魚列車時代、専用車両への一般客の乗車は不可能だったが、「伊勢志摩お魚図鑑」はツアーに限り、一般客も乗車できる。気になる方は「伊勢志摩お魚図鑑」を使用したツアーをチェックしてもらいたい。

●全国でも珍しい「ケーブルカー貨車」って、どんな車両？●

近鉄は2つのケーブルカー路線を保有する。生駒ケーブルと西信貴(にししぎ)ケーブルだ。このうち、信貴山口と高安山を結ぶ西信貴ケーブルでは、なんとケーブルカーに貨車が連結されている。

2両あるケーブルカーのうち1両の高安山方に貨車が連結されているが、「貨車」というよりも、ママチャリの「カゴ」のような感じだ。貨車には箱が置かれている。

西信貴ケーブルカーの貨車の役割は信貴山口駅から高安山駅に向けて水を運ぶこと。じつは高安山駅には水道が敷かれておらず、駅のトイレに利用する水が必要なのだ。

西信貴ケーブルの貨車の話はこれで終わりではない。なんと、きちんと車籍に登

ケーブルカーの前部に貨車が連結される(写真の車両は旧塗装時のもの)

信貴山口駅から高安山駅までの約1.3キロを約7分で結ぶ

録されているのだ。貨車の形式は「コニ7形7号」「コニ7形8号」といい、書類のうえでは「ひのとり」や「アーバンライナー」と同じくれっきとした車両なのだ。ちなみに、立山黒部アルペンルートの立山ケーブルカーにも貨車が連結されているが、こちらの貨車は客車と一体となっており、貨車独自の形式は存在しない。

西信貴ケーブルでは、車籍上は貨車が2両となっているが、ケーブル線では1両しか使用していない。残りの1両は、予備車として高安山駅横に留置されている。「留置」といっても、ポツンと置かれているだけで、単に「置いてある」といった感じだ。西信貴ケーブルに乗車する機会があれば、ぜひとも貨車2両を探してみていただきたい。

なお、近鉄が運営するもう1つのケーブル路線、生駒ケーブルには貨車は存在しない。

5章

◉広大な路線網を行き交う工夫あり！

近鉄の運行ダイヤを知る

「2024年春ダイヤ改正」から読む未来戦略

2024（令和6）年3月16日、世間は敦賀駅に乗り入れた北陸新幹線が大いに話題となったが、同日に近鉄もダイヤ改正を実施した。しかも、その内容は、今後の近鉄の姿勢がうかがえる興味深いものとなった。

今回のダイヤ改正の目玉は、京都線の急行の増発だろう。急行の増発は平日の京都駅・大和西大寺駅を11時～14時台に発車する時間帯で行なわれる。

改正前の大和西大寺方面の急行は1時間あたり計3本。内訳は2本が橿原神宮前行き、1本が大和西大寺行きだった。

改正後は1時間あたり計4本となり、2本が近鉄奈良行き、残り2本は橿原神宮前行きである。要するに、単純に急行の増発をするだけでなく、奈良行き直通列車が増えていることが重要なのだ。これは、新型コロナ禍後の訪日観光客を意識しているように思われる。

一方、改正後の大和西大寺駅から京都方面の時刻表を見ると、12時台・13時台の急行は橿原神宮前駅始発が2本、近鉄奈良駅始発が1本、大和西大寺駅始発が1本となった。

土休日ダイヤでは増発は行なわれなかった。土休日の昼間時間帯は、京都市営地下鉄烏丸線の国際会館〜近鉄奈良間において1時間あたり1本の頻度で急行が設定されている。

大阪線では、平日朝ラッシュ時間帯に五位堂発大阪上本町行き急行1本を増発する。この列車は、大和朝倉〜五位堂間は普通列車として運行され、五位堂駅で急行に変わる近鉄お得意の「お化け列車」だ。

このほかの注目点として、10両編成の快速急行がすべて8両編成で運行されるようになり、大阪線から10両編成が消滅した。近年の奈良線でも10両編成は減少しており、明らかに新型コロナ禍後の朝ラッシュ時の混雑緩和が影響している。

今回のダイヤ改正では、夕方や夜間における両数の増大や増発も目立つ。南大阪線では、大阪阿部野橋始発21時44分発から22時14分発までの計４本の準急が、古市駅まで6両編成ないし7両編成で運行される。

ダイヤ改正前まで5両編成ないし4両編成だっただけに大幅な増車だ。古市駅での車両の切り離しの手間を省きたいのが本音なのだろうが、さすがに帰宅者が多い時間帯の大阪阿部野橋〜古市間で４両編成・5両編成は厳しかったのだろう。鉄道

●2024年3月ダイヤ改正の主なポイント●

① **京都線の平日昼間時間帯急行の増発**
（1時間あたり3本から4本に）

② **奈良線、長野線で始発列車の運転時刻を繰り上げ**
（長野線は平日のみ）

③ **南大阪線で平日夜間時間帯の一部準急の編成を増大**

④ **大阪線の快速急行を10両編成から8両編成に変更**

⑤ **鈴鹿線の平日夕方ラッシュ時間帯の増発**
（1時間あたり3本から4本に）

ファンからすると古市駅での切り離し作業を見る機会が増えて、喜ばしいといったところだろうか。

増発では、鈴鹿線が挙げられる。鈴鹿線では平日の18時台～19時台にかけて、1時間あたり3本から4本に増発された。近年の支線区では減便が目立ったが、乗客増がのぞまれる区間はしっかりと増発する姿勢が見られる。

特急列車では、土休日に観光特急「ひのとり」と停車駅が同じ大阪難波9時45分発鳥羽行き特急に停車駅が追加され、発車時間も9時40分発に変更された。新たに追加された停車駅は名張駅、伊勢中川駅、松阪駅、五十鈴川駅である。

一方、土休日に鶴橋～伊勢市間をノンストップで走破する大阪難波駅9時20分発の賢島行き特急には、一切メスが入らなかった。しかし、9時40分発の特急の様子を鑑みると、今後は鶴橋～伊勢市間のノンストップ運転も崩れるかもしれない。

全体的には新型コロナ禍を脱し、需要が増えている区間や時間帯には増発などで対応する一方、朝ラッシュ時は他社と同じく減車の方向となった。

また、インバウンド客の動向によっては、今後もダイヤ改正で対応する可能性もあるだろう。

運行本数が少ない路線、停車本数が少ない駅はどこ？

近鉄特急に乗っていると、2両編成くらいしか停車することができない短いプラットホームを持つ駅を通過する。「はたして、あの駅にはどれくらいの頻度で列車が停まるのか」と気になったのは筆者だけではないだろう。

そこで、ケーブルカーは別にして、昼間時間帯でもっとも停車列車が少ない駅を探してみたい。

まずは特急が走らない支線から探っていこう。

先に結論を述べると1時間に上下各2～3本が標準だ。信貴(しぎ)線、生駒(いこま)線、田原本(たわらもと)線、天理線、鈴鹿線、湯の山線、道明寺(どうみょうじ)線、御所(ごせ)線がこれに該当する。全体的に列車本数は減少傾向だ。

たとえば、南大阪線の大阪阿部野橋駅から営業キロ16・３キロ地点にある道明寺駅を起点とする道明寺線（道明寺〜柏原）は30分間隔のダイヤだ。20年以上前は15分間隔だったので、半減した。乗客減もあるが、２・２キロメートルという短距離路線のため、30分間隔でも需要を満たすことができているのだろう。

つぎに特急が走る路線を見てみよう。

大阪線の伊賀上津駅・西青山駅・東青山駅・大三駅・伊勢石橋駅・川合高岡駅と志摩線（鳥羽〜賢島）の特急通過駅が少ない。とはいっても、１時間間隔で停まり、極端に停車本数が少ないというわけではない。

このなかで、とくに興味深いのが大阪線の川合高岡駅だ。伊勢中川駅の隣駅にあたり、駅から２００メートルほど南にＪＲ名松線の一志駅がある。

名松線といえばＪＲ屈指のローカル線であり、２時間間隔のダイヤで運行されている。そう考えると、近鉄は「地方にやさしい」といえるのかもしれない。

よく、冷やかしで「近鉄は近鉄特急ばかり考えている」という方がいるが、そんなことはない。たしかに列車本数が減るなど厳しい面はあるが、他社と比較すると、近鉄は「温情がある」といっていいのだ。

2両編成のワンマン列車がのどかに往復する道明寺線

川合高岡は伊勢中川駅が管理する無人駅

京都線に「快速急行」が設定されない理由

関西圏にある三大都市といえば大阪、京都、神戸である。相互直通運転を加味すると近鉄は大阪、神戸には特別料金不要の種別では最上位にあたる快速急行が乗り入れている。一方、京都駅を起点とする京都線には、快速急行の設定がない。

ところが、ほんの一時期ではあるが、京都線にも快速急行が設定されていた歴史がある。1998（平成10）年3月ダイヤ改正にて、京都〜近鉄奈良間を40分弱で走破する快速急行が設定されたのだ。

現在の特急と比較すると所要時間が数分違うだけで、その俊足ぶりがうかがい知れる。快速急行は日中時間帯30分間隔の設定となり、停車駅は京都、竹田、近鉄丹波橋、大和西大寺、新大宮（2000〈平成12〉年から停車）、近鉄奈良であった。竹田駅で京都市営地下鉄烏丸線直通の急行に接続し、京都市中心部〜奈良間の速達輸送も担った。

ちなみに同時期には、近鉄京都線のライバルにあたるJR奈良線の京都〜奈良間にも、片側3扉クロスシート車両221系を利用した快速「みやこ路快速」が登場した。それ以前の奈良線は、国鉄時代の中古車両で占められており、近鉄京都線のライバルとはなっていなかった。そこに「みやこ路快速」が登場したことで、近鉄京都線の快速急行とのあいだで、乗客争奪の火花散る勝負がくり広げられていくかに思われた。

しかし、2003（平成15）年3月のダイヤ改正で、快速急行は急行に統合されるかたちで廃止されてしまう。その理由は、最上位種別にもかかわらず乗車率が芳しくなかったこと、また、急行との誤乗も多かったという。

快速急行廃止の主因は、停車駅の設定にあったといえるだろう。近鉄丹波橋～大和西大寺間はノンストップであり、1日あたりの乗降客数が約3万人の高の原駅、約2万人の大久保駅や新田辺駅にすら停車しなかった。参考までに、停車駅の竹田駅は約1万人、近鉄丹波橋駅は約4万人である。

2000（平成12）年当時の京都線の特急と停車駅を比較すると、特急は快速急行停車駅の竹田駅、新大宮駅、近鉄丹波橋駅は通過した。一方、一部の特急が停車する高の原駅は快速急行通過駅であった。

車内を満たすほど、京都～奈良間の直通客の需要がなかったということも指摘できる。直通列車の利用客が特急から特別料金不要の快速急行に流れていたら、近鉄としては減収になり、面白い話ではない。

また、2000年に、京都市営地下鉄烏丸線・国際会館〜近鉄奈良間で急行が設定されたが、先述したように近鉄奈良方面は快速急行に抜かれるため、中途半端な感は否(いな)めなかった。ともあれ、当時の近鉄は京都〜奈良間の直通客を重視しすぎたきらいはある。

結果的に京都線の快速急行は「失敗」に終わったが、まったく新しい種別を設定するのは勇気がいることだ。近鉄のチャレンジ精神は評価されてもいいのではないだろうか。

日本で唯一の「区間快速急行」が廃止された事情

2012(平成24)年3月まで、近鉄には日本で唯一となる「区間快速急行」なる種別が存在した。

区間快速急行が運行されていたのは大阪線・山田線である。1978(昭和53)年3月のダイヤ改正で、本家の快速急行と同時に誕生した。

もともと大阪〜伊勢間を走る特別料金不要の最上位種別は急行であった。長年、大阪～宇治山田間を走る急行は「宇治急」として親しまれてきたが、大阪線山間部の合理化により、榛原～榊原温泉口間の各駅に停まるようになった。

　そして、朝夕ラッシュ時に以前の急行の停車駅を引き継ぐかたちで生まれたのが快速急行であり、1964（昭和39）年に登場した区間急行の停車駅を引き継いだのが、区間快速急行である。

　2012年3月ダイヤ改正以前の松阪駅までの快速急行の停車駅は上本町（現・大阪上本町）、鶴橋、五位堂、大和高田、大和八木、桜井、榛原、名張～榊原温泉口間の各駅、伊勢中川、松阪。区間快速急行は快速急行の停車駅に加え、室生口大野駅、赤目口駅にも停車した。運転区間は快速急行が鳥羽駅まで乗り入れていたのに対し、区間快速急行は松阪駅止まりであった。

　もっとも駅の自動放送では「区間快速急行」ではなく、「区間快速」と呼ばれていた。同じく種別幕も「区間快速」であった。さらにいえば、快速急行と区間快速急行との差も縮まっていた。

　そして、2012年3月ダイヤ改正にて、区間快速急行は快速急行に統合されるかたちで廃止となる。同時に快速急行の停車駅も変更され、室生口大野駅と赤目口駅にも停車するようになった。一方で、伊賀上津駅、西青山駅、東青山駅は通過となり、各停区間は赤目口～青山町間となった。

近鉄としては、それほど差がなかった2つの種別を統合することで、運用の合理化を図りたかったのだろう。乗客も種別が少ないほうがわかりやすい。

一方、室生口大野駅・赤目口駅と伊賀上津駅・西青山駅・東青山駅とのあいだに生じた待遇差も気になる。1日の乗降客数を見ると、室生口大野駅は約760人、赤目口駅は約940人だ。

これに対し、伊賀上津駅は133人、西青山駅は9人、東青山駅は41人と圧倒的に少ない。乗降客数の差を見ると、3駅が通過駅になるのも致し方がないといったところか。

奈良・三重の県境近くに位置する三本松駅

また、区間快速急行の停車駅をよく見ると、榛原～榊原温泉口間で唯一の通過駅が三本松駅であった。三本松駅はいまだに快速急行通過駅である。1日乗降客数は113人しかいない。

このように区間快速急行、快速急行の停車駅を比較すると、意外にも乗降客数が少ない大阪線山間部の停車駅の変遷が複雑なことに気づく。南大阪線にある「区間急行」がなぜ大阪線には存在しないのか、という答えも、区間快速急行の変遷のなかで答えが導き出されるのだ。

吉野線を走る「謎の最終列車」の正体とは

新型コロナ禍以降、全国的に終電が早くなっている。近鉄における平日の終電はどうなっているのかを見ていこう。

大阪線では、大阪上本町発高安（たかやす）行きが24時8分だ。名古屋線では近鉄名古屋駅発富吉行きが24時1分発となる。

当然のことながら、ローカル線はもっと早い。志摩線だと賢島駅発は22時14分発の伊勢中川行き、鳥羽駅発は22時49分発の賢島行きとなり、ともに22時台となる。

大阪近郊の道明寺線は上り下りともに23時台だ。

ところが、吉野線・吉野駅の終電は都会なみの24時2分発なのだ。たしかに、吉野駅は吉野線の終着駅であり、吉野観光の玄関口である。とはいっても、吉野駅の1日あたりの乗降客数は675人であり、ましてや特段の事情がない限り、深夜にビジネスパーソンは使わない駅だろう。

24時2分発の最終列車は吉野駅から3駅先の六田（むだ）行きである。六田駅は特急停車駅ではあるが、深夜に取り立てて需要があるとは思えない。なぜ、深夜に吉野発六田行きの設定があるのだろうか。

じつは、六田駅近くには吉野線の車庫となる六田車庫があるのだ。先述した列車は入庫を兼（か）ねた終電なのである。深夜帯に設定されている吉野発六田行きは平日3本、土休日2本の陣容だ。

平日深夜時間帯の吉野駅方面のダイヤにかんしてさらに見ていくと、22時以降に吉野駅に到達する列車はすべて大阪阿部野橋駅始発である。大阪阿部野橋発吉野行きの平日の最終列車は22時14分発の準急で、吉野駅に23時59分に着く。ちょうど、南大阪線での帰宅列車と吉野線での深夜帯での旅客輸送を兼ねている感じだ。

初電は反対に六田発吉野行きの設定がある。いくら列車本数の削減や終電の繰り上げがあるとはいえ、六田に車庫が存在し続ける限り、吉野発六田行きの終電はなくならない。

列車種別によって、方向幕の色はどう変わる?

近鉄では特急以外の列車種別の色はどうなっているのだろうか。

まず、普通は青色、準急は緑色であり、区別しやすい。問題は急行と快速急行の区別である。急行はオレンジ色、快速急行は赤色である。ともに赤系統の色であり、一見したところ区別は難しい。141ページで記したとおり、京都線で急行と快速急行の誤乗があいついだことも納得がいく。

さて、関西大手私鉄のなかで、不思議なことに近鉄は阪神とよく似ている。阪神も普通は青色、準急は緑色、急行はオレンジ色、特急は赤色である。ただし、快速急行は水色だ。

この快速急行の種別色が時に問題を引き起こす。なぜなら、近鉄奈良〜阪神神戸三宮間を直通する種別は快速急行だからだ。整理すると快速急行の種別色は、近鉄は赤色、阪神は水色である。

そんな事情からか、近鉄奈良～大阪難波間の近鉄区間は種別方向幕・表示器を「赤色」の快速急行にし、大阪難波～神戸三宮間は「水色」の快速急行としている。正確には阪神の桜川～大阪難波間で種別方向幕を変えているのだ。利用者からすると芸が細かく、大変わかりやすい。

関西に住んでいると、相互直通運転でも種別が変わらないことは普通に思うかもしれない。しかし、関東に目を向けるとずいぶんと事情が異なる。たとえば京浜急行電鉄、東京都営地下鉄、京成電鉄の3社を直通する羽田空港～成田空港間を結ぶ直通列車は京急・都営側が「エアポート快特」、京成側が「アクセス特急」となり、名称が異なる。

しかも空港直通列車とは別に、京急は「快特」、京成は「快速特急」という種別があり、「エアポート快特」「アクセス特急」とは停車駅が異なる。

このように特別料金不要の優等列車による相互直通運転の東西比較をすると、圧倒的に近鉄・阪神のほうがわかりやすいのだ。

ところで、ホームから遠くにいる列車を眺(なが)めても種別表示器や種別方向幕は見づらい。そこで、注目したいのが窓下のランプだ。このランプは通過標識灯といい、種別により点灯のパターンが異なる。特急・快速急行は両方とも点灯する。急行・

●通過標識灯で見分けられる列車種別●

特急・快速急行

両方とも点灯

急行・区間急行

向かって右側が点灯

準急・区間準急

向かって左側が点灯

普　通

両方とも消灯

区間急行は向かって右側が点灯、準急・区間準急は向かって左側が点灯する。そして、普通列車は両方とも消灯だ。近鉄に乗車するさいにぜひ観察してもらいたい。

近鉄と名鉄の「知られざる結びつき」とは

近鉄は私鉄のなかで最長の営業キロを有するが、名古屋鉄道（名鉄）も廃線があいついだとはいえ、４４０キロ超を有するマンモス鉄道会社だ。「マンモスな鉄道会社同士で相互直通運転をやったら面白そうだ」と思うのは筆者だけではないだろう。じつは、近鉄はほんの一時期とはいえ、名鉄と相互直通運転を実施したことがある。

話は近鉄の前身の1つである関西急行電鉄が名古屋に乗り入れた１９３８（昭和13）年までさかのぼる。名古屋乗り入れ当初から、関西急行電鉄は名鉄との直通運転を計画した。１９４１（昭和16）年、名鉄の新名古屋駅（現・名鉄名古屋駅）が地下駅として開業。関急と名鉄のあいだに地下連絡線も設けられた。

戦争が終わり、状況が落ち着いた１９５０（昭和25）年、満を持して近鉄と名鉄との相互直通運転がスタートした。

この直通運転は団体旅客輸送に限定され、団体列車を利用したツアーコースは大阪から近鉄名古屋経由で名鉄の犬山へ向かうというもの。

翌日は犬山城散策や日本ラインを楽しみ、団体列車で帰阪する。実態としては、近年実施されている近鉄特急車を使った阪神沿線から近鉄沿線への団体旅行に近かったのだろう。一方、名鉄も連絡線を利用して近鉄線に乗り入れた。

しかし、直通運転開始からわずか2年後の1952（昭和27）年に、相互直通運転は取りやめになった。その理由として名鉄名古屋本線の運行本数増加が挙げられている。1959（昭和34）年には、近鉄名古屋線の線路幅が標準軌（143

近鉄と名鉄の名古屋駅ビルも隣接している

５ミリ）に変更され、物理的にも相互直通運転は不可能となった。

相互直通運転は取りやめになったが、現在も当時の名残（なごり）はある。まず、近鉄名古屋駅は名鉄、ＪＲが集うターミナル駅であり、名鉄名古屋駅はわずか壁ひとつ隔（へだ）てた位置にある。

また、近鉄名古屋駅から名鉄岐阜方面へは連絡改札口を通じてスムーズに乗り換えることが可能だ。直通運転は廃止されてしまったが、近鉄と名鉄を組み合わせた旅行はきっと楽しいものになるだろう。

大阪線・奈良線に複々線区間が建設された経緯

現在、大阪上本町～布施間４・１キロメートルは複々線となっており、奈良線と大阪線の電車がひっきりなしに走る。中間駅にあたる鶴橋駅や今里（いまざと）駅に立つと、さまざまな近鉄電車を見ることができ、じつに楽しい。

注意点があるとするならば、奈良線と大阪線の電車を乗り間違えないことだ。とくに鶴橋駅の１番ホームでは、近鉄奈良行きの快速急行だけでなく近鉄名古屋行き特急も入線するなど、同一ホームに奈良線と大阪線の電車が入線する。このあたりは同じ複々線を持つ阪急や南海とは異なるので、近鉄に乗り慣れていないなら、十分に注意したい。

さて、近鉄になくてはならない大阪上本町〜布施間の複々線はどのような歴史を持つのだろうか。

複々線の大工事に着手したのは、1954（昭和29）年のことである。当時、上本町（現・大阪上本町）〜布施間は上本町駅、鶴橋駅、布施駅の各駅構内を除き、複線であった。

朝ラッシュ時には片道1時間あたり40本もの列車が走り、完全にキャパシティオーバーだった。当時であっても1時間あたり40本以上も走る区間は複々線が常識であり、近鉄は苦肉の策として、大阪

大阪上本町〜布施間の複々線区間

線の今里駅通過や信号機の増設で対応していた。

しかも、問題は列車本数だけではなかった。上本町〜布施間の電圧は、奈良線で用いられていた600ボルト。当時の大阪線はすでに1500ボルトを用いていたため、同区間では600ボルトに合わせてスピードを落とさざるを得なかった。列車本数の過密さもあいまって、4・1キロを走るのに10分以上も要していたのだ。まさしく、複々線化待ったなしの状態だったのである。

複々線化工事は2つの工事から成り立っている。「複線を複々線化する工事」と「上本町駅、鶴橋駅、今里駅、布施駅の改良工事」だ。工事期間は、1954年5月から1956（昭和31）年12月までの2年7か月だった。

工事の順番は鶴橋駅改良工事に始まり、上本町駅改良工事、そして鶴橋〜布施間の複々線化に移り、最後は布施駅改良工事とした。複々線化は既存の複線を奈良線の上下線にし、新たに増設した南側の2線を大阪線の上下線とした。

なお、1975（昭和50）年に布施駅付近の高架化工事を機に、複々線区間において、北側の2線を奈良線・大阪線の下り線、南側の2線を両線の上り線とし、現在に至っている。

複々線化もさることながら、上本町駅、鶴橋駅、今里駅、布施駅も大きく変化し

●複々線区間の高架化工事による配線の変化●

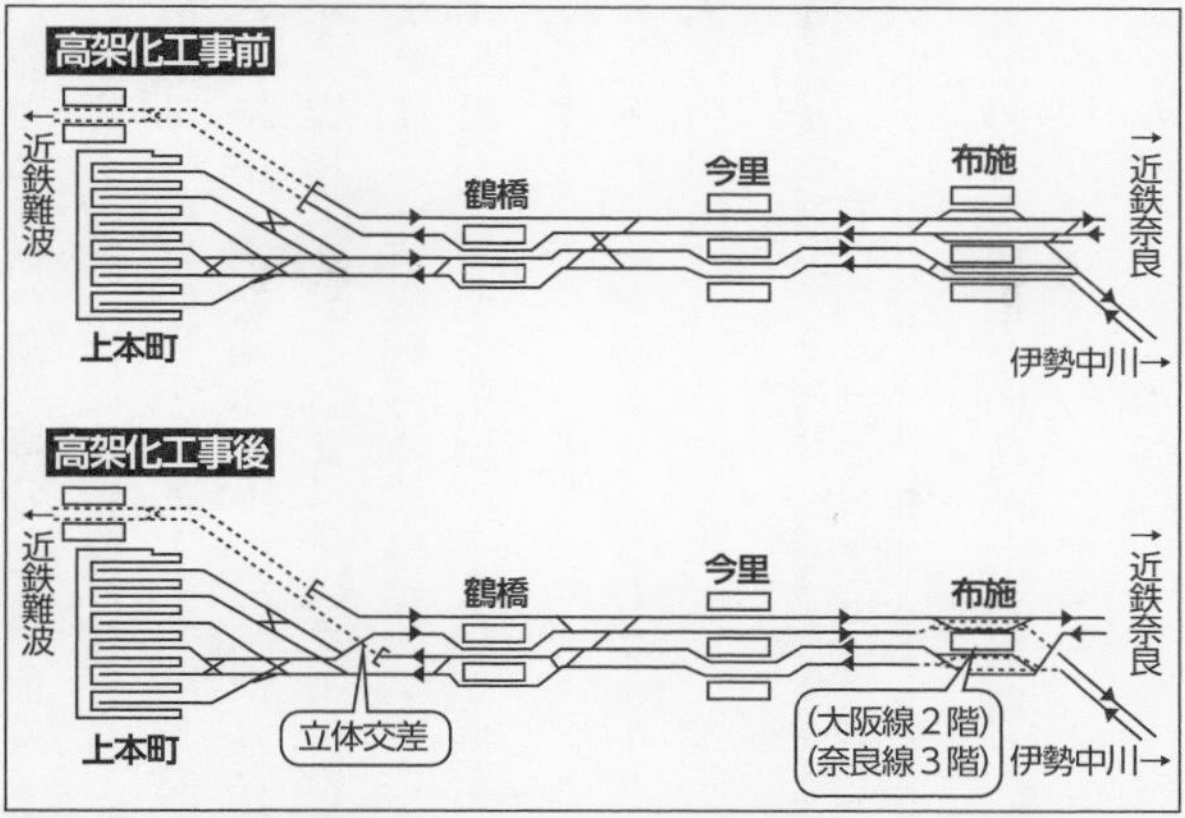

鶴橋駅ホームには絶え間なく列車が到着する

た。たとえば鶴橋駅の場合、工事前は2面3線の構造だった。また、当時は国鉄大阪環状線とのあいだに連絡改札は存在しなかった。

改良工事では幅10・5メートル、長さ130メートルの2本のホームを新設。大阪環状線ホームを結ぶ2本の跨線橋（こせんきょう）と連絡改札も設置した。

複々線化工事、ならびに駅改良工事により、奈良線と大阪線の輸送力増強はもちろんのこと、大阪線の電圧も全線にわたる1500ボルト化を達成し、減速問題は解決した。ダイヤに余裕が生まれた結果、大阪線の列車も今里駅に停車できるようになったのである。

ちなみに、奈良線の1500ボルト化が達成されたのは、1969（昭和44）年である。

「名阪直通の急行」が消滅した理由とは

近鉄の看板列車といえば、名阪間を結ぶ特急「ひのとり」「アーバンライナー」だ。それでは、特急料金が不要な快速急行や急行のなかで、名阪間を直通する列車はあるのだろうか。

答えは「かつては存在していた」である。２０２０（令和２）年３月ダイヤ改正まで、平日に近鉄名古屋駅6時31分発、伊勢中川駅経由の大阪上本町行き急行が運行されていた。もっとも、近鉄名古屋駅の案内表示器には「急行伊勢中川」と表示されていたが、その下に「伊勢中川から大阪上本町行き急行にかわります」と明記され、車内放送でも案内があった。

つまり、中川短絡線（57ページ参照）には入線せず、伊勢中川駅で方向転換をし、列車番号を変えたうえで大阪上本町駅へ向かっていたのだ。ダイヤは伊勢中川駅発が8時4分、大阪上本町駅着は10時1分であった。近鉄名古屋駅から大阪上本町駅までの所要時間は3時間30分ということになる。

鉄道マニアの見方からすると、現行の特急にはない伊勢中川駅での方向転換（スイッチバック）を体験できたのがポイントだった。中川短絡線以前の特急を模擬体験することができ、改めて短絡線の威力を感じられたものだ。

残念ながら、名阪間直通急行は２０２０年3月ダイヤ改正により、行き先が鳥羽行きになり、事実上廃止となった。近鉄名古屋駅6時31分発鳥羽行き急行は伊勢中川駅に7時47分に着くと、伊勢中川駅8時5分始発の大阪上本町行き急行に接続し、大阪上本町駅には9時57分に到着する。ダイヤ改正以前の名阪直通急行よりも、現行ダイヤのほうが4分早く、大阪上本町駅に到着するのだ。

さらに、『近鉄時刻表』をよく見ると、先述した近鉄名古屋駅6時31分発の急行のわずか1分前に6時30分発の大阪難波行き特急「アーバンライナー」の設定がある。この列車は大阪難波駅に8時55分に到着する。何だか近鉄から特急利用を強くプッシュされているようなダイヤだ。

2020年3月ダイヤ改正以前も、大阪方面から近鉄名古屋行きの直通急行は存在しなかった。以前は早朝に名張発近鉄名古屋行き急行が存在したが、これもなくなってしまった。

やはり、効率化の観点から特別料金不要な長距離列車が消滅する流れは、近鉄でも同じなのだろう。

三重県民にとって大助かりな「ひのとり」がある！

名阪特急「ひのとり」は「原則」として、津〜近鉄名古屋間はノンストップである。しかし、「原則」という単語があれば「例外があるのでは」と真っ先に疑う人こそ、真の国語力がある人だと筆者は常々思っている。その好例がまさしく「ひのとり」なのだ。いったい、どういうことなのだろうか。

大阪難波発近鉄名古屋行き「ひのとり」のなかで1本のみ、白子（しろこ）・近鉄四日市・桑名の3駅に停車する列車がある。それが大阪難波21時発近鉄名古屋行き「ひのとり」621列車だ。

ほかの大阪難波発「ひのとり」の列車番号は、発車時刻に合わせてつけられる。たとえば、大阪難波駅18時発の「ひのとり」は「18列車」といった具合だ。「ひのとり」621列車は大阪難波発21時ということもあり、「21」こそついているが、停車駅の特性から「600」番台となっている。

「ひのとり」621列車の興味深い点はこれだけではない。名阪乙（おつ）特急「アーバンライナー」が停車する大和八木駅、名張駅はきっちりと通過するのだ。つまり、鶴橋〜津間は昼間時間帯の「ひのとり」と同じであり、まさしく停車駅が少ない名阪甲（こう）特急の面目（めんもく）を保っている。

整理すると「ひのとり」621列車は大阪難波〜津間は名阪甲特急、津〜近鉄名古屋間は名阪乙特急となることから、ちょうど名阪甲特急と名阪乙特急の中間に位置する列車といえるだろう。なぜ、このような列車が存在するのだろうか。

「ひのとり」621列車は「ひのとり」の最終列車となる。本来、「ひのとり」は大阪ミナミの中心地である難波から名古屋への速達性を売りとし、ビジネスパーソンからの支持を受けている。しかし、大阪難波発21時0分発だと、帰路に着く利用客が大半であり、名古屋への速達性を最重視する客は日中と比較すると少ないと想像する。

また、通常の近鉄名古屋行き「ひのとり」は、津駅で伊勢志摩方面から来る白子駅・近鉄四日市駅・桑名駅停車の名古屋行き特急に接続する。一方、「ひのとり」621列車が運行する時間帯は、伊勢志摩方面からの特急が運行されていない。つまり、名古屋への速達性よりも、大阪から三重県北部へ向かう利用客をこまめに拾いたいというのが本音なのだろう。いわば、「ひのとり」621列車は大阪から三重県北部への「ホームライナー」なのだ。

大和八木駅、名張駅を通過する理由も、「ひのとり」621列車が発車する10分前と10分後に松阪行き特急が存在し、両列車が大和八木駅や名張駅に停車するからだ。さすがに、「ひのとり」621列車まで停車すると、供給過多といったことになるのだろう。

このような変わり種の「ひのとり」からも、柔軟な姿勢を得意とする近鉄らしさを垣間見ることができる。

かつて存在した「真のノンストップ特急」とは

10年ほど前まで「近鉄特急」といえば、「ノンストップ特急」というワードが思い浮かんだものだ。しかし、筆者は子どもの頃、「ノンストップ特急はウソだ」と思っていた。なぜなら、上本町駅（現・大阪上本町駅）や鶴橋駅に停車するため、純粋に近鉄難波駅（現・大阪難波駅）〜近鉄名古屋間がノンストップというわけではなかったからだ。

ところが、過去には1か月弱のみの期間とはいえ、完全ノンストップの名阪特急が存在したことがあるという。それは、１９６１（昭和36）年３月29日から４月25日までの27日間だ。

１９６１年３月29日に中川短絡線が完成し、名阪特急は伊勢中川駅に寄らずに名阪間を直通できるようになった。このとき、近鉄名古屋発上本町行き特急は鶴橋駅に停車したが、上本町発近鉄名古屋行き特急は鶴橋駅を通過していた。

すなわち、下りに限り、上本町駅から近鉄名古屋駅までノンストップだったのだ。しかし、４月25日に全列車が鶴橋駅に停車するようになり、純粋なノンストップ特急は消滅したのである。

他の主要区間では、宇治山田駅発近鉄名古屋行き特急が1965（昭和40）年10月から1970（昭和45）年3月まで純粋なノンストップ特急だった。こちらは1970年に、志摩線への直通運転スタートにともない消滅した。

よほどの社会的変化がない限り、今後、純粋なノンストップ特急は復活しないと考えられるが、臨時列車として、純粋なノンストップ特急が運行されることもあるのではと、筆者としては少しの期待を寄せている。

6章

◉時代とともに進化し続ける！

近鉄の駅を知る

●「近鉄」の冠がつく駅名、つかない駅名に法則はある？●

近鉄には他の関西大手私鉄とは異なり、社名の「近鉄」を冠する駅が数多く存在する。近鉄名古屋駅、近鉄四日市駅、近鉄奈良駅、近鉄八尾駅、近鉄日本橋駅、近鉄丹波橋駅という具合に次つぎと出てくる。

一見すると、主要駅に「近鉄」を冠しているようにも見える。しかし、JR大阪環状線・大阪メトロ千日前線との接続駅は鶴橋駅であり、「近鉄鶴橋駅」ではない。京都線の始発駅は京都駅だ。「近鉄京都駅」のほうが京都線と相互直通運転を実施している京都市営地下鉄烏丸線の京都駅と区別がつきやすいと思うが、なぜか京都駅のままである。

また、名古屋線の近鉄八田駅は普通列車しか停車せず、京都線の近鉄宮津駅は大半の急行が通過する。このように、主要駅に「近鉄」がつくという仮定はあっさりと否定される。

「近鉄」がつく駅の共通点は、同じ駅名のJR駅とは場所が異なる独立駅であることだ。たとえば、近鉄四日市駅とJR四日市駅は1キロメートルほど離れている。

●「近鉄」を冠している駅●

駅名	所在する路線	駅名	所在する路線
近鉄蟹江	名古屋線	近鉄名古屋	名古屋線
近鉄郡山	橿原線	近鉄奈良	奈良線
近鉄御所	御所線	近鉄日本橋	難波線
近鉄下田	大阪線	近鉄八田	名古屋線
近鉄新庄	御所線	近鉄宮津	京都線
近鉄丹波橋	京都線	近鉄八尾	大阪線
近鉄富田	名古屋線	近鉄弥富	名古屋線
近鉄長島	名古屋線	近鉄四日市	名古屋線、湯の山線

近鉄八尾駅はJRの八尾駅よりも繁華街に近い位置にある

近鉄八尾駅もＪＲ八尾駅から１・５キロほど離れている。

一方、「近鉄」がつかない主要駅は、多くがＪＲ駅と同じ駅舎であり、同じ駅舎内でなくても、ＪＲ駅は目と鼻の先の位置というケースがほとんどだ。鶴橋駅はＪＲ鶴橋駅ホームから直接乗り換えられる連絡改札があるし、桑名駅は近年までＪＲと改札口を共有していた。京都駅もＪＲ京都駅と直結しており、東海道新幹線からの乗り換えもラクである。

しかし、この原則に該当していない駅も存在する。それが近鉄名古屋駅だ。近鉄名古屋駅は「近鉄」を冠しているが、鶴橋駅と同様にＪＲ線との連絡改札口がある。本来は近鉄名古屋駅ではなく「名古屋駅」に改めるべき事案ではないだろうか。

じつは、１９６９（昭和44）年まで、近鉄名古屋駅は当時の国鉄との連絡改札口を持たない、国鉄から独立した地下駅であった。だから、駅名が「近鉄名古屋」なのだと考えられる。

一方、名古屋鉄道（名鉄）とのあいだにも、近鉄は連絡改札口を有している。戦後、近鉄名古屋駅ではラッシュ時の混雑が激しくなり、抜本的（ばっぽん）な駅の拡張が望まれていた。そして、１９６４（昭和39）年に駅改良工事に着手。同時に駅ビルの建設も始まった。

この駅改良工事は工事範囲に国鉄用地も含まれており、1967(昭和42)年に駅改良工事が終了。前年には駅ビル「名古屋近鉄ビル」が竣工(しゅんこう)している。その後、1969年に国鉄名古屋駅の南口、南口コンコースが完成し、近鉄とのあいだに連絡改札口が設置された。

ちなみに「近鉄」がつく駅名は2009(平成21)年、近鉄難波駅から大阪難波駅に改称したことで、若干の減少となった。

●利用客数がもっとも多い駅、少ない駅は?●

2024(令和6)年3月現在、近鉄には286もの駅が存在する。このなかで1日あたりの乗降客数がもっとも多い駅、もっとも少ない駅は、それぞれどこになるのだろうか。

もっとも乗降客数が多い駅は、南大阪線の大阪阿部野橋駅の約14万人になる。関西にお住まいの方は、「大阪阿部野橋駅が1位」と聞き、とまどいを覚えることだろう。なぜなら、大阪ミナミの中心地は阿部野橋ではなく難波だからだ。

その大阪難波駅の乗降客数は約11万人となる。これには、さまざまな要因が考え

●1日あたり平均駅乗降人員ランキング(2022年)●

乗降人員が多い5駅		乗降人員
1	大阪阿部野橋	140,475
2	鶴橋	135,330
3	大阪難波	108,368
4	近鉄名古屋	89,232
5	京都	69,950

乗降人員が少ない5駅		乗降人員
1	西青山	9
1	五知	9
3	沓掛	10
4	穴川	29
5	白木	31

*近畿日本鉄道ホームページを参考に作成

られるが、1つには奈良線（難波線）・大阪線が分散ターミナルだから、ということがある。

大阪線の列車は大阪上本町駅始発が多く、近鉄百貨店も上本町にある。大阪上本町駅の乗降客数は約6万3000人だ。さらに、大阪上本町駅の東隣の駅はJR大阪環状線、大阪メトロ千日前線に接続する鶴橋駅だ。鶴橋駅は1日の乗降客数が約13万5000人となり、大阪阿部野橋駅よりも約5000人少ない。

一方、南大阪線は大阪阿部野橋駅が一手に引き受ける。地上300メートルの高さを誇る超高層複合ビル「あべのハルカス」もこの地にある。そのため、同駅が乗降客数1位になるのだ。

三重県・愛知県エリアの1位は近鉄名古屋駅の約8万9000人である。ちょうど、大阪難波駅と大阪上本町駅のあいだといったところか。

もっとも乗降客数が少ない駅は大阪線の西青山駅、志摩線の五知駅になる。乗降客数は両駅ともわずか9人。西青山駅周辺は国道165号があるものの、人家はない。駅東側には長さ5652メートルの新青山トンネルがある。

西青山駅は極端に乗降客数が少ない「秘境駅」に位置づけられるが、駅設備は幹線の大阪線にあることからじつに立派だ。構内は2面2線の高架駅であり、ホームの長さは6両分だ。

上り（大阪上本町方面）時刻表を見ると、列車本数の少ない昼間時間帯であっても1時間間隔で大阪上本町行き急行が停車する。7時台に至っては上下各4本も停車し、列車本数だけ見ると秘境感はあまりない。

もっとも乗降客が少ない駅の1つである西青山駅

五知駅は２７００メートルの青峰トンネル（白木〜五知）を越えたところにある。

昼間時間帯は１時間あたり上下各１本、朝ラッシュ時間帯は各２〜３本しか停まらない。しかも、普通しか停まらないので、少なくとも時刻表上では五知駅のほうが秘境度は高い。

つぎに視点を変え、普通列車しか停車しない駅でもっとも乗降客数が多い駅はどこかを見てみよう。

それは、大阪線の長瀬(ながせ)駅で、約２万７０００人だ。長瀬駅は大阪府東大阪市にあり、近畿大学東大阪キャンパスの最寄(もよ)り駅となる。近畿大学は関西を代表するマンモス大学であり、長瀬駅の乗降客数が多いのも納得がいく。

特急停車駅のなかでもっとも乗降客が少ない吉野神宮駅

特急停車駅のなかでもっとも乗降客数が少ない駅は、吉野線の吉野神宮駅だ。吉野線の終着駅である吉野駅の隣にあり、乗降客数は294人。吉野駅の乗降客数も1000人を切る675人だ。両駅とも吉野の山間のすぐ近くにある。駅名になった吉野神宮は、1889(明治22)年に後醍醐(ごだいご)天皇を祀(まつ)るために明治天皇によって創建された。

以上、乗降客数が多い駅、少ない駅を見てきたが、個人的には大阪阿部野橋駅と鶴橋駅の差が約5000人であり、ひょっとすると鶴橋駅の逆転もあるのではと思っている。

●「近鉄の路線なのに、駅名標はJR」という駅がある!●

近鉄にはJRとの共同使用駅がいくつか存在するが、そのなかでもっとも変わっている駅は、吉野線の吉野口駅ではないだろうか。

吉野口駅は吉野線のほかにJR和歌山線が乗り入れる共同使用駅だ。1番線・2番線は近鉄、3番線・4番線・5番線はJRが使用する。2番ホームと3番ホームは同一ホームだ。

近鉄ホームの駅名標（手前）とJRホームの駅名標（奥）

開業時からの木造駅舎が現在も残る吉野口駅

さて、近鉄側の吉野口駅の駅名標を見ると、看板のデザインが近鉄仕様ではなくＪＲ西日本仕様であることに気づくだろう。白をベースに下部に青帯が入り、ＪＲ西日本の駅名標と瓜二つだ。そして、よくよく見ると左上にＪＲマークはなく、近鉄のナンバリングが貼られている。

ＪＲ側の駅名標は当然のことながらＪＲ西日本仕様だが、和歌山線のラインカラーであるピンク色が入るため、近鉄の駅名標との区別は容易だ。

なぜ、このようなことになっているかというと、じつは吉野口駅の駅員はＪＲ西日本の社員。つまり、ＪＲ西日本色が濃い駅なのだ。ただし、ホームには近鉄の詰め所もあり、近鉄電車は近鉄の社員が見送っている。

同駅に入線する列車本数は圧倒的に近鉄のほうが多い。しかも、吉野口駅は特急停車駅でもある。ＪＲ西日本色が濃いのに近鉄電車がよく目立つという、なんとも不思議な駅なのだ。

最後に、吉野口駅は特急券の購入時に注意が必要な駅でもある。駅窓口での特急券の購入ができず、例外的に上り（大阪阿部野橋方面）ホームに特急券の券売機があるが、特急券の前売りはせず、直近の大阪阿部野橋行き特急の特急券の購入のみができるシステムとなっている。

関西でも、吉野口駅が近鉄とＪＲの接続駅であることはあまり知られていないようだ。吉野口駅をうまく利用すれば、奈良県・和歌山県エリアの旅行の利便性がグンと上がる。ぜひ、利用してもらいたい駅である。

●大阪上本町は大リニューアル後、どんな姿になる？●

２０２５（令和７）年に開催予定の大阪・関西万博に向けて、関西の鉄道会社も着々と準備を進めている。ついつい、新線や新型車両のニュースに目が行きがちだが、大ターミナル駅も生まれ変わろうとしている。

その例が、大阪線のターミナル駅である大阪上本町駅だ。大阪上本町駅を初めて利用する人はとまどうかもしれない。なぜなら、ホームが地上１階と地下３階にあるからだ。

地上１階は７面６線の構造になり、ホームがずらりと並ぶ。大阪上本町駅始発の大阪線の列車は地上１階から出発する。地上１階ホームからは伊勢志摩方面行きの特急列車も発車するが、朝・夕ラッシュ時間帯に限られる。

一方、地下３階は２面２線の構造で、難波・奈良線の列車が発着する。おもに近

●大阪上本町駅の構内配線図●

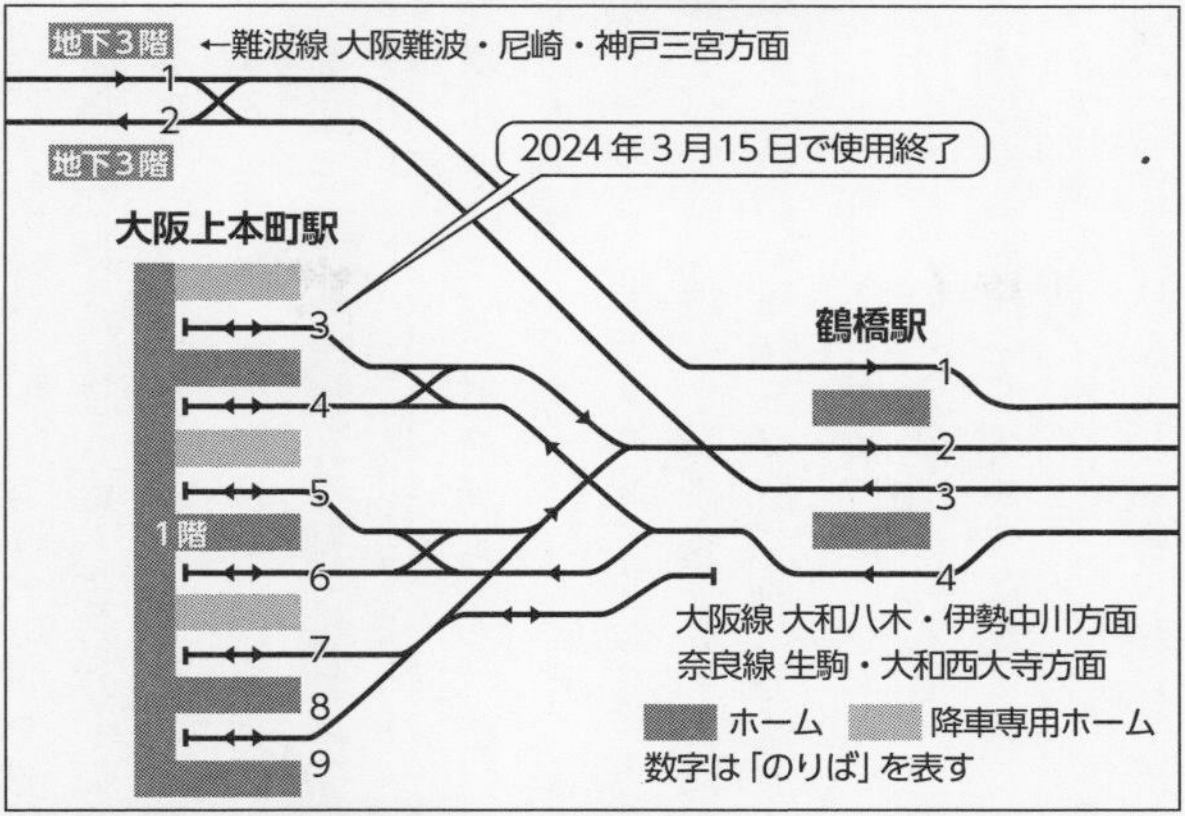

大阪上本町駅の地上（大阪線）ホーム

鉄奈良、大阪難波、尼崎方面の列車を見かけるが、大阪難波駅始発の名古屋行き特急、伊勢志摩行き特急も地下3階のホームに入線する。

地上2階にはバスターミナルがあり、大阪空港（伊丹空港）行きリムジンバスが発車する。また、駅の隣には近鉄百貨店や近鉄系列のシェラトン都ホテル大阪があり、まさしく上本町は今も昔も近鉄の砦（とりで）といえるのだ。

2023（令和5）年10月、近鉄は大阪・関西万博に向け、大阪上本町駅の駅・バスターミナルの整備を発表した。まず、地上2階のバスターミナルをリニューアルしてバス乗り場を増やす。ここには、大阪空港行きリムジンバスのほかに、万博会場行きシャトルバスが乗り入れる。

駅関係では、地上1階の3番ホームに面する3号線を廃止し、地上2階バスターミナルへの連絡通路を整備。通路と地上ホームのあいだに新たな改札口を設け、大阪上本町で降車した客がスムーズにシャトルバスへ乗り継げるようにする。

大阪上本町駅の整備計画を見ると、近鉄は大阪・関西万博が開催される夢洲（ゆめしま）へは2つのルートを構築しているように見える。1つは、けいはんな線から2024（令和6）年度末開業予定の大阪メトロ夢洲駅（仮称）へ至るルートだ。けいはんな線は生駒駅に乗り入れることから、おもに奈良線の利用者を想定している。

2つめは、先述した大阪上本町駅からシャトルバスを利用したルートだ。こちらは大阪線利用者のみならず、三重県・愛知県在住者も想定している。

また、昨今の大阪市内では、多くの訪日観光客を見かける。訪日観光客が上本町を介して万博と伊勢志摩をはじめとする近鉄沿線を訪れてくれたら……という望みもあるのだろう。

●「快速急行は通過、特急は停車」する布施駅の不思議●

特別料金が不要な快速急行は通過するにもかかわらず、一部とはいえ、特急が停車するという不思議な駅がある。それが、大阪府東大阪市にある布施駅だ。

布施駅で奈良線と大阪線が分かれ、高架下には近鉄百貨店がある。1日の乗降客数は約3万5000人となり、近鉄内では比較的多い。

布施駅に特急が停車するのは大阪線である。布施駅の時刻表を見ると、午前7時台と8時台に各1本ずつ宇治山田行き特急、18時台と19時台の各1本ずつ鳥羽駅からの特急が停車する（土休日は17時台にも1本停車）。

布施駅に特急が停車するようになったのは、1988（昭和63）年のダイヤ改正時である。このときに阪伊（はんい）特急の一部が停車した。布施駅では奈良線から大阪線への乗り換え需要があり、観光客を考慮して特急を停車させたと考えられる。

当初は昼間時間帯を中心に毎時1本の間隔で停車したが、利用者が少なかったせいか、現在は先述したように1日各2本まで減少している。

では、なぜ快速急行は停車しないのだろうか。『近鉄時刻表』において下り（伊勢志摩方面）平日夕ラッシュ時のダイヤを見てみると、鶴橋駅では快速急行が発車してから、5～10分後くらいに特急が発車する。

快速急行は列車本数が多いなかでも大和八木駅までは先着し、榛原駅・名張駅

大阪線と奈良線の2路線が乗り入れる布施駅

まで先着する列車も少なくない。そして、これらの駅で後続の特急に抜かされる。一方、昼間時間帯の下りダイヤを見ると、大和八木駅まで先着する急行は限られる。

このように見ていくと、快速急行は急行よりも停車駅を絞り、下り快速急行は大阪市の中心部から榛原や名張へ向かう帰宅客を重視している姿勢がうかがえる。ラッシュ時に布施駅に快速急行を停車するよりは、奈良県・三重県西部への速達性を重視したいということなのだろう。

ただし、急行は停車するので、日中時間帯にあっても主要駅としての面目（めんもく）は保っている。いずれにせよ、布施駅を利用するさいには注意したい。

●桑名駅に5番線が存在しない理由●

三重県にある桑名駅は、近鉄名古屋線のほかに、ＪＲ関西本線、そして近鉄養老線を受け継いだ養老鉄道が乗り入れる。近鉄の桑名駅には特急が停車し、名古屋線の主要駅といえる。その一方、桑名駅はいろいろと変わった駅でもある。

２０２０（令和２）年8月まで桑名駅は近鉄、ＪＲ東海、養老鉄道の３社が共有する改札口を設けた共同使用駅であった。つまり、近鉄、ＪＲ東海、養老鉄道のいずれを選択しても、同じ改札口を入出場していたのである。改札口の管理は東口がJR東海、西口は近鉄が担当していた。ちなみに、この類いの共同使用駅は三重県に多く、津駅や松阪駅が該当する。

2020年8月30日に桑名駅はリニューアルされ、新たに橋上駅舎が設けられた。新駅舎の使用開始にともない、近鉄は独自の改札口を設け、JR東海や養老鉄道と改札口を共有することはなくなった。また、東西を結ぶ自由通路が設けられ、きっぷを購入しなくても、桑名駅の東側と西側が行き来できるようになった。

桑名駅の近くには、近鉄北勢線を受け継いだ三岐鉄道北勢線の西桑名駅がある。北勢線は「ナローゲージ」と呼ばれる、全国でも珍しい線路幅762ミリメートルの路線だ。

桑名駅周辺では、1435ミリメートル（近鉄）、1067ミリ（JR）、762ミリ（三岐鉄道北勢線）と、3つの線路幅を一気に渡ることができる踏切が存在する。このような踏切は、全国広しといえども桑名しかない。

3つめは、桑名駅には5番線が存在しないことだ。1～3番線はJR線、4番線は養老鉄道、近鉄は6～8番線となっている。たしかに5番線がない。

これには、名古屋線の歴史が深くかかわっている。名古屋線の線路幅は標準軌の

桑名駅の近鉄線改札口

桑名駅周辺では線路幅が異なる3路線が並ぶ

1435ミリを採用しているが、1959（昭和34）年までは1067ミリの狭軌だった。狭軌時代にはホームに食いこむようなかたちで5番線がつくられ、名古屋線の予備的ホームとして機能していた。また、養老線は7番線から出発していた。

名古屋線の改軌にあたり、狭軌の養老線は国鉄との貨物輸送も考慮し、国鉄線に近い4番線になった。名古屋線は6番線・7番線を使うようになり、5番線はお役御免となった。そして、のちに6番線ホームを延長した結果、5番線の痕跡も消えてしまったのである。

このように、桑名駅は近鉄の歩みにしたがって変化した駅なのだ。2020年のリニューアル後、これからどのように変化するのか、注目の駅である。

●大学の「都心回帰」で先行きが心配な駅とは●

近鉄の駅において、大学名が前面に出ている駅名は大阪線の「大阪教育大前」駅しかない。この駅は難産を経て生まれた。そして、大学業界から見ると、今後の先行きが少し心配な駅でもある。

大阪教育大前駅は、1991（平成3）年12月に開業した近鉄のなかでは若い駅だ。大阪府柏原市にあり、河内国分～関屋間に位置する。

国立大学の大阪教育大学はもともと天王寺をメインキャンパスにしていたが、1970年代に本部と大半の機能を柏原市に移転することを決定。大学と柏原市は近鉄に対し新駅を要望し、近鉄は設置を決めた。

しかし、そう簡単に駅を設置することはできなかったのだ。なぜなら、新駅の設置場所の周辺は国道と河川に挟まれており、急カーブが連続していた。そこで、新たにトンネルを建設し、新線を敷いたうえで新駅開業となった。トンネル建設により、急カーブも緩和された。

新駅設置の翌年、1992（平成4）年に柏原キャンパスが開校し、1994（平成6）年に移転が完了した。従来の天王寺キャンパスは存続したが、大学機能の大半は柏原キャンパスに移転したのである。近鉄にとっては貴重な学生客を得たことになる。

だが近年、大阪教育大学は機能の一部を柏原キャンパスから天王寺キャンパスに移転した。具体的には、学校教育教員養成課程 幼小教育専攻の幼児教育・小学校教育コースの3・4年次が天王寺キャンパスで学ぶことになる。また、2015（平成27）年に関西大学・近畿大学との連携で生まれた大学院連合教職実践研究科（連合教職大学院）も天王寺キャンパスで学ぶことができる。

これは、近年あいついでいる、大学の「都心回帰」の一環と考えられる。1960年代から2000年代の初めまで、関西圏の都心部に大規模な大学キャンパスをつくってはならないという法律があり、多くの大学は郊外に新たなキャンパスを建設した。

しかし、この法律が撤廃されると、交通至便な都心にキャンパスを置くケースがあいついだ。大学は少子高齢化のなか、社会人教育にも力を入れている。社会人学生を獲得するには、キャンパスを都心に置く必要があるのだ。現に、大阪教育大学には国立大学では唯一となる夜

大阪教育大前駅の1日乗降客数は6113人（2022年）

間開講の小学校教員養成課程があるが、これも天王寺キャンパスにある。

いきなり柏原キャンパスから天王寺キャンパスに全面移転することは考えにくいが、漸次(ぜんじ)、移転が実施されたら、当然のことながら柏原キャンパスに通う学生は減り、大阪教育大前駅の利用者も減ることになる。

全国的に大学の「都心回帰」により、郊外型キャンパスの最寄り駅の乗客減が話題となりつつあるが、将来的に大阪教育大前駅も乗客減の駅のなかに名を連(つら)ねてしまうのだろうか。

●「ターミナル駅の隣りの駅」の特徴は？●

ターミナル駅の隣駅は、たいがい普通列車のみではあるが、結構な数の列車が停車するものだ。

たとえば、鶴橋駅と布施駅のあいだにある今里(いまざと)駅では、昼間時間帯に大阪線、奈良線それぞれに、1時間あたり上下各6本の普通列車が停車する。近鉄のなかで1日の乗降客数がもっとも多い大阪阿部野橋駅の隣駅であり、普通列車しか停まらない河堀口(こぼれぐち)駅も1時間あたり各6本だ。

近鉄名古屋駅の隣駅の米野（こめの）駅も、普通列車しか停まらない。しかし、大阪口とは異なり、停車本数は１時間あたり上下各３本のみだ。昼間時間帯の普通列車は３両編成が主流だ。大阪口では、普通列車でも３両編成はまずない。

つぎは、１日あたりの乗降客数を確認してみよう。今里駅は約１万人、河堀口は約３２００人だ。一方、米野駅は約１３００人しかいない。大阪線で約１３００人あたりの駅となると、桜井駅の西隣駅にあたる大福駅が約１４００人である。

たしかに、米野駅は２面３線の設備を有するが、あまり賑（にぎ）わってはいない。構内踏切があり、近鉄名古屋駅の隣駅とは思えないほどローカルな雰囲気に包まれる。その一方で、近くには米野車庫とＪＲ東海の車庫があり、鉄道ファンは米野駅のホームに一日中立っていても飽きがこないだろう。

なぜ、これほどまでに米野駅の乗降客数と停車本数は少ないのだろうか。名古屋市中心部はＪＲ名古屋駅、近鉄名古屋駅、名鉄名古屋駅で構成する「名駅エリア」の東と西で雰囲気が異なる。東エリアはＪＲ東海などの大企業などが開発し、高層ビルが立ち並ぶ。名古屋随一（ずいいち）の歓楽街の栄も東側エリアにある。

一方、西側は戦後の闇市（やみいち）の雰囲気が残る。西側は名古屋市中村区にあたり、豊臣秀吉や加藤清正の出身地だ。そのため、歴史ロマンは満載だが、東側とくらべると

米野駅の駅舎はローカルな雰囲気

名古屋駅の南に広がる再開発エリア「ささしまライブ24」

明らかに賑わいに欠ける。

米野駅はそんな「名駅エリア」西側の、しかも外れにある。このように「名駅エリア」周辺の格差を考慮すると米野駅の駅周辺の環境も納得がいく。

しかし、米野駅周辺には大規模な再開発エリア「ささしまライブ24」が存在する。「ささしまライブ24」は近鉄名古屋線・JR関西本線と東海道新幹線・JR東海道本線に挟まれたエリアにあり、ここにはもともと旧国鉄の笹島貨物ターミナル駅があった。

2017（平成29）年10月に街びらきが行なわれ、オフィスやホテルが入る複合施設「グローバルゲート」、中京テレビ本社、愛知大学名古屋キャンパスなどがあり、まさしく新都心の様相だ。

米野駅からは徒歩10分の距離だが、同駅の利用者数は、さっぱりである。「ささしまライブ24」の最寄り駅は、名古屋臨海高速鉄道あおなみ線のささしまライブ駅であり、JR名古屋駅前から「ささしまウェルカムバス」も運行されているからだ。

近鉄の車庫やJR東海の車庫が移転し、跡地で大規模再開発が実施されたら、米野駅も大きく変わるかもしれないが、現状ではそのような計画は存在しない。当分は現在のままで推移しそうだ。

●「近鉄宮津」は100キロ離れた駅に配慮した駅名?!●

京都線に「近鉄宮津」という駅がある。この近鉄宮津駅は、ちょっと不思議な駅なのだ。まず、駅名が面白い。一般的に「近鉄」を冠する駅は周辺に同名のＪＲの駅が存在することが多いが、近鉄宮津駅の場合、京都線の近くを走るＪＲ学研都市線（片町線）に「宮津」と称する駅は存在しない。

そこで京都府を見わたしてみると、たしかに「宮津駅」は存在する。それが京都府北部にある京都丹後鉄道の宮津駅だ。京都府南部の京田辺市にある近鉄宮津駅と宮津駅は直線距離にして、約100キロメートルもある。

京都丹後鉄道の宮津駅の西隣駅は天橋立駅であり、多くの観光客が訪れる。つまり、観光客が勘違いしないように、「近鉄宮津駅」と命名したと思われるのだ。全国を見ると、東京メトロ霞ケ関駅（東京都千代田区）と東武鉄道霞ケ関駅（埼玉県川越市）のようなケースもある。このような例を見ると、近鉄はやはり親切だ。

近鉄宮津駅は「基本的に」普通列車しか停車しない。「基本的に」と表現した理由は、京都駅発近鉄宮津行きの急行は停車するからだ。

近鉄宮津駅の１日平均乗降客数は４０４人にすぎず、２つ隣の急行停車駅である新祝園（しんほうその）駅と比較すると10分の１にも満たない。それでも、近鉄宮津行きの急行が存在する理由は、駅の周辺に宮津車庫があるからだ。この急行は宮津車庫への入庫を兼（か）ねていることもあり、本数も少なく、平日3本、土休日１本しかない。また、近鉄宮津駅のほかに興戸（こうど）駅、三山木（みやまき）駅にも停車する。

そもそも、近鉄宮津駅は近鉄のなかでは、比較的若い駅だ。開業は１９９３（平成5）年9月のことであり、地元住民からの要望により開設された。駅開業に先立ち、同年3月には京都線の輸送力増強を目的とした宮津車庫の使用がスタートした。

ちなみに、近鉄宮津駅は２０２４（令和6）年4月現在、「近鉄」を冠する最新の駅でもある。

7章

◉こんな秘密があったなんて！

近鉄の**サービス・施設**を知る

「タッチ決済」導入へ。進化を続けるキャッシュレス最前線

鉄道会社のキャッシュレス事情は、年を追うごとに進化している。そのため、昨年と今年で大きく異なっている場合がある。最新情報の入手こそが、鉄道を使いこなすコツといえるかもしれない。

ここでは、「ＩＣＯＣＡ」や「ＰｉＴａＰａ」といった交通系ＩＣカードには言及せず、ここ数年で日本社会でも普及してきたＱＲコードやタッチ決済カードを取り扱いたい。

近鉄の場合、ＱＲコードを使ったキャッシュレスサービスに力を入れている。まず、ｗｅｂサイト「きんてつチケットＥモール」にアクセスし、デジタルきっぷを購入する。乗車日当日は購入時に送られてきた乗車券のＱＲコードを自動改札機の読み取り部にタッチすればいいだけ。バスや博物館ではＱＲコードを係員に提示することになる。

ＱＲコード式のきっぷは一般乗車券ではなく、いわゆる「オトクきっぷ」での販売だ。２０２４（令和６）年４月現在、ＱＲコード式のきっぷは伊勢・鳥羽・志摩

観光に便利な「まわりゃんせ」や桑名～近鉄名古屋間をはじめとする名古屋地区の回数券などだ。

ＱＲコード式きっぷの販売当初は名古屋地区発に限定されていたが、現在は大阪地区発も対応している。ただし、鶴橋駅のＪＲ改札口では利用できず、西改札口・東改札口を利用する。

また、タッチ決済カード（クレジット、デビット、プリペイド）やカードが設定されたスマホへの対応もスタートする。近鉄では２０２４年中から、自動改札機をタッチ決済カード・同カード紐（ひも）づけスマホの読み取りに対応する。

具体的にはＱＲコードと同じ要領で自動改札機に読み取り部を設

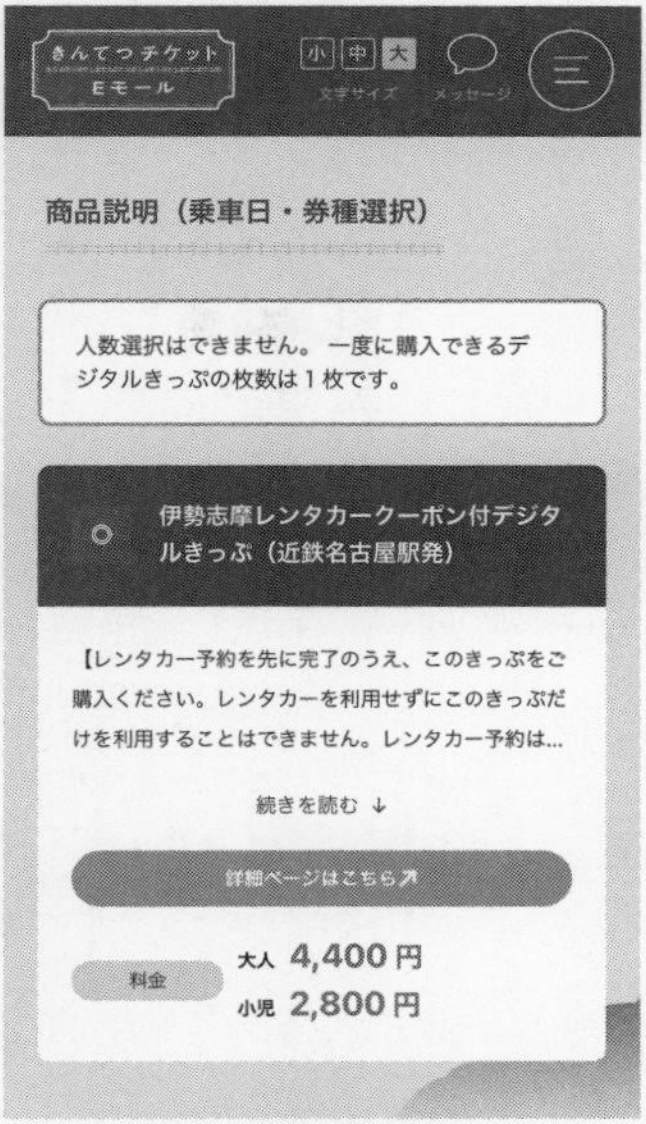

きんてつチケット
Eモールの画面

●「タッチ決済」のしくみ●

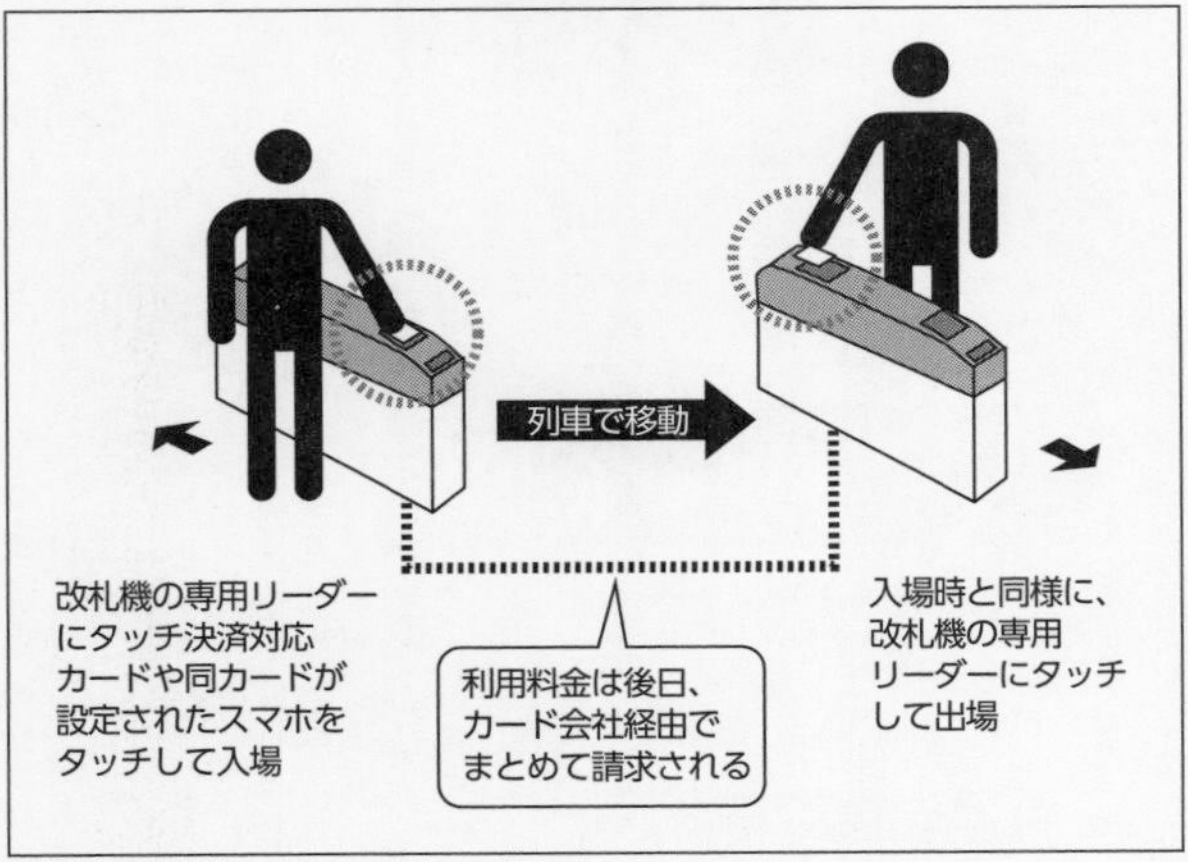
列車で移動
改札機の専用リーダーにタッチ決済対応カードや同カードが設定されたスマホをタッチして入場
利用料金は後日、カード会社経由でまとめて請求される
入場時と同様に、改札機の専用リーダーにタッチして出場

ける。ゆくゆくは一部の駅を除き、タッチ決済カード、カード紐づけスマホでも乗車できるというわけだ。

さらに、キャッシュレス分野においても他社との連携が進んでいる。関西を中心に60社の鉄道・バス事業者で構成されている「スルッとKANSAI協議会」は近鉄、大阪メトロ、京阪、南海、阪急、阪神、大阪シティバスで利用できるQRコード式乗車券「スルッとQRtto（スルッとクルット）」を導入する。

導入時期は2024年6月からだ。スタートは大手の7社のみと少ないが、今後は対応する事業者が増える見通しだ。

昭和はスナック、令和はカフェに…伝統の軽食サービス

2021（令和3）年11月、特急型車両12200系が引退した。12200系には「新スナックカー」という名称がつけられていた。これは初期車両の登場時に「スナックコーナー」が設置されていたことからである。

そもそも、若い読者は「スナック」と聞いても、おそらくピンとこないのではないだろうか。じつは日本における「スナック」の明確な定義は存在しないが、一般的には「ママがいてカウンター越しに接客する店」のことを指す。

「スナックコーナー」を設置した新型車両、すなわち12000系「スナックカー」が登場したのは1967（昭和42）年のことである。少々ややこしいが、12000系は12200系の先輩格にあたる車両だ。

当時、近鉄は1964（昭和39）年に開業した東海道新幹線への対策として、さまざまな手を打っていた。名阪間でのスピードは新幹線にかなわない。それではサービス面に力を入れよう、という方針のもと、車両端に軽食サービスを提供する「スナックコーナー」が名阪ノンストップ特急に設置されたのである。

軽食サービスは航空機で見られるようなシートサービスとなり、乗客は「スナックコーナー」で注文する。メニューは洋食ランチ、シューマイランチ、カレーライスなどがあった。商品は調理済みであり、「スナックコーナー」にある電子レンジで加熱。その後、スタッフが座席に運ぶしくみであった。

１９７０（昭和45）年当時のメニュー表を見ると、銘菓（めいか）もあり、大阪名物粟（あわ）おこし、名古屋名物のういろう、そして伊勢旅行のお土産の鉄板である赤福も購入することができた。「スナックコーナー」は１２０００系のほかに、１２２００系初期車両、１８４００系初期車両、１０１００系ビスタカーⅡの一部にも設置された。

しかし、「スナックコーナー」はあまり人気を獲得することができず、わずか数年で廃止されてしまう。せっかく設置した「スナックコーナー」も車内販売準備室に改造され、「スナック」の名は車両の名称だけになってしまった。

カウンター式の軽食サービスは途絶（とだ）えたが、２０１３（平成25）年登場の観光特急「しまかぜ」で復活した。以降、観光特急「青の交響曲（シンフォニー）」「あをによし」でも実施されている。

現在の軽食サービスの評判は上々のようだ。このまま、カウンター式の軽食サービスが近鉄の名物になることを願うばかりだ。

近鉄初のスナックコーナー導入車12000系

「しまかぜ」のカフェ車両

近鉄特急におトクに乗車する方法がある

近鉄特急に乗車するには、乗車券のほかに特急券が必要だ。関西在住の方からすれば「何をいまさら」という感じだが、近鉄の特急料金は意外と高い。営業キロ1～40キロの特急料金は520円、41～80キロは南大阪線・吉野線の特急停車駅相互間利用を除き、920円だ。

これは、関西大手私鉄の特急料金・有料座席料金のなかでもっとも高い。「少しでも安く、近鉄特急に乗車する方法はないか」――このように思うのは至って自然なことだ。ここでは、近鉄特急に安価に乗車できるおもな割引きっぷを紹介する。ただし、乗車券のみがお得になる割引きっぷも含まれる点はご承知願いたい。

まずは「名阪ビジネス回数きっぷ」だ。これは大阪難波・大阪上本町（うえほんまち）・鶴橋～近鉄名古屋間の乗車券14枚つづりの割引きっぷである。

発売額は大人2万8600円、1枚あたり2050円となる。大阪難波～近鉄名古屋間の普通運賃は2410円なので、1・5割引きといったところ。ただし、特急に乗車するには特急券が必要だ。

週末に近鉄特急に乗車するには「近鉄週末フリーパス」の使用を検討したい。有効期間は土日を含む乗車開始日から連続3日間有効となっている。つまり、金土日、土日月の曜日で利用できるというわけだ。

発売額は大人5000円、子ども2500円。2024（令和6）年4月1日からの値上げにより、大阪難波～近鉄名古屋間の往復のみでは元がとれなくなってしまった。期間中に近鉄を使い倒す人におすすめだ。こちらも特急に乗車するには特急券が必要となる。

特急をひんぱんに利用するなら、近鉄の「インターネット予約・発売サービス」は必須といえる。こちらは特急券をインターネット購入することができ、スマホがそのまま特急券代わりになる。いちいち、駅の自動販売機で特急券を入手する必要もない。

「インターネット予約・発売サービス」の画面を開くと、「会員登録」という文字が見える。少々面倒に感じるかもしれないが、ここは会員登録をしよう。なぜなら、会員登録をしたうえで特急券を購入すると、購入金額の10パーセントがポイント還元されるのだ。貯まったポイントは特急券に交換できる。しかも、会員登録は無料だ。事実上の特急券1割引きといえる。

	概要
	土日を含む連続3日間、近鉄全線が乗り降り自由に
	4日間、伊勢志摩エリアをお得に巡れる。デジタルきっぷ有
	近鉄電車の往復乗車券・特急券+フリー区間乗り放題。デジタルきっぷ有
	伊勢神宮参拝と伊勢志摩エリアをお得に楽しめる。デジタルきっぷ有
	往復乗車券・特急券、フリー区間乗り放題+パルケエスパーニャのパスポート引換券
	パルケエスパーニャのパスポート+食事券
	近鉄電車の往復乗車券+鳥羽水族館入館券
	電車・バスの往復乗車券+対象施設で利用できる割引券
	奈良・斑鳩の世界遺産をお得に巡れる
	奈良・斑鳩・吉野の世界遺産をお得に巡れる
	関西の私鉄・地下鉄沿線から奈良を巡る1日乗り放題きっぷ
	近鉄電車フリー区間+各社線指定区間が乗り放題。特典が選べるチケット付き
	電車・バスの往復乗車券+記念品引換券
	電車・バスの往復乗車券+洞川温泉センター入湯料割引券
	マイカーで生駒山上遊園地に来園した人向けに販売。生駒山上駅から「生駒ケーブル」にお得に乗車できる
	近鉄電車の片道乗車券とリムジンバスのチケットがセットに
	大阪～名古屋のビジネス利用・出張におすすめの回数きっぷ
	神戸の定番スポットが、お得に楽しめる
	桑名～近鉄名古屋間の往復乗車券
	桑名～近鉄名古屋間のお得なデジタル回数きっぷ
	近鉄弥富～近鉄名古屋間のお得なデジタル回数きっぷ

●近鉄の主な「お得なきっぷ」●

きっぷの名前	発売時期	
近鉄週末フリーパス	前売限定	
まわりゃんせ		
伊勢志摩レンタカークーポン付きっぷ	前売限定	
伊勢神宮参拝きっぷ	前売限定	
志摩スペイン村 パルケエスパーニャ・フリーきっぷ	前売限定	
志摩スペイン村満喫デジタルきっぷ	前売限定	
鳥羽水族館割引きっぷ	前売限定	
VISON(ヴィソン)往復きっぷ		
奈良世界遺産フリーきっぷ[奈良・斑鳩(1日・2日)コース]		
奈良世界遺産フリーきっぷ[奈良・斑鳩・吉野コース]		
奈良・斑鳩1dayチケット		
古代ロマン 飛鳥 日帰りきっぷ		
大台ヶ原 探勝日帰りきっぷ		
洞川温泉・みたらい渓谷散策きっぷ		
生駒ケーブル　のりのりきっぷ		
関西空港レール&バス 片道特割きっぷ		
名阪ビジネス回数きっぷ		
神戸街めぐり1dayクーポン[近鉄拡大版]		
桑名～近鉄名古屋 特割きっぷ		
桑名～近鉄名古屋デジタル回数きっぷ		
近鉄弥富～近鉄名古屋デジタル回数きっぷ		

*近畿日本鉄道ホームページを参考に作成。
2024年4月現在、通年で販売されているものを中心に掲載した

近年はインターネット発売、ようするにキャッシュレスを利用した割引きっぷが期間限定で販売されている。２０２３（令和５）年12月２日から２０２４年１月31日まで展開されたのがチケットレス特急券の購入者を対象とした「名古屋トク近！キャンペーン」だ。

こちらは近鉄名古屋～桑名間、近鉄名古屋～近鉄四日市間の特急券が５２０円から２６０円になる。特急券が半額ということが売りだが、プラス２６０円でリクライニングシートに座れることも大きい。

名古屋線はＪＲ関西本線と勝負している。ＪＲ関西本線は快速「みえ」を運行し、「みえ」利用者向けの回数券「快速みえ得ダネ４回数券」を販売。しかし、２０２４年４月現在、名古屋～桑名・四日市の設定はない。何とか三重県の主要都市からの利用をつなぎとめたいという近鉄の姿勢が垣間見られる。

以上、割引きっぷを紹介したが、使用するさいのコツとしては「インターネット予約・発売サービス」を利用すること。そして、こまめに割引きっぷのニュースをチェックすることだ。

子どもたちの憧れの的になった「修学旅行用車両」

少子化は日本社会全体が解決すべき問題である。これは鉄道会社も例外ではない。子ども料金の引き下げ、駅近くの託児所（たくじしょ）の設置など、鉄道会社もあの手この手で頑張っている。

ただ、個人的には子どもに夢を与えられるような車両をつくることも鉄道会社の使命ではないかと考えている。そんな意味において、語り継ぎたい車両が修学旅行用車両20100系「あおぞら」だ。

そもそも、関西圏の学校では修学旅行先に伊勢志摩を選択することが多い。これは今も昔も変わらないだろう。大阪都心から伊勢志摩へ向かうには、やはり近鉄がもっとも便利だ。

そのため、学校側も近鉄を使うわけだが、大量の学生を近鉄特急に乗せることは難しい。そこで近鉄では、修学旅行向けの専用車両を保有している。

初代の修学旅行用車両として新造されたのが「あおぞら」だ。登場年は1962（昭和37）年である。

近鉄ではその３年前となる１９５９（昭和34）年に２階建て特急車、１０１００系ビスタカーⅡ世が登場している。ビスタカーⅡ世は近鉄初の量産型２階建て特急車両ということもあり、近鉄沿線の子どもたちの憧れの的になった。

しかし、当時はまだまだ旅行は「贅沢品」であり、ましてや特急料金が必要なビスタカーに乗車することは、子どもたちにとって「夢のまた夢」であった。

そんな子どもたちの夢を正夢に変えたのが「あおぞら」だった。「あおぞら」はオール２階建て構造となり、子どもたちは修学旅行でビスタカーと同じ２階建て車両に乗車できることになった。

外装もそれまでの近鉄特急車とはまったく異なり、国鉄の特急電車を想起させるようなクリーム地に赤帯という姿になった。車内は３人掛け＋２人掛けのボックスシートを基本とした。

冷房装置は設置されなかったが、その代わりにエアージェット式の冷風装置が設置され、車内に新鮮な空気が行き届くようになった。また、トイレのほか、修学旅行用車両らしい設備として速度計やウォータークーラーも設置された。

「あおぞら」の定員は２階建て構造並びにボックスシートという車内レイアウトもあいまって、３両で３９８名にもなった。大勢の子どもたちの夢を乗せて大阪・名

世界初のオール2階建て車両として登場した20100系

現行の修学旅行用車両15200系「新あおぞらⅡ」

古屋〜伊勢志摩間を走っただけでなく、一般の団体専用列車も担当。最終的に3両×5編成が製造され、1963（昭和38）年には、鉄道友の会ブルーリボン賞を受賞している。

しかし、老朽化に加え、冷房装置がないことが災いし、1989（平成元）年に現役を退いた。以降、引退した近鉄特急車を転用するかたちで後継の「あおぞらⅡ」が登場したが、こちらは2階建て構造にはならなかった。

それでも、20100系「あおぞら」は、修学旅行で利用した子どもたちはもちろんのこと、近鉄沿線の住民や鉄道ファンのあいだでも、いまだに高い人気を誇る車両なのである。

空きスペースを有効活用！アーバンライナーは荷物も運ぶ

国鉄が鉄道小荷物を廃止したのは1986（昭和61）年のことだった。これ以降、鉄道の世界から荷物車が事実上消え去ったのである。

しかしそれから35年後の2021（令和3）年、近鉄は運送業者とタッグを組んで荷物輸送をスタートした。

「荷物輸送をスタートした」といっても、国鉄のように荷物車を用意したわけでない。近鉄の荷物輸送は名阪特急「アーバンライナー」を利用したものだ。「アーバンライナー」車両（21000系「アーバンライナーplus」・21020系「アーバンライナーnext」）には、現在は使われなくなった旧車内販売準備室がある。空きになったスペースに荷物を置いて輸送するというしくみだ。

近鉄とタッグを組んだ運送会社は福山通運。福山通運は法人向けに「名阪アーバンライナー便」を開設しており、「アーバンライナー」を利用して、大阪難波～近鉄名古屋間において当日配送サービスを実現した。

なお、すべての便で荷物輸送を行なっているわけではなく、2024（令和6）年4月現在、1日1往復の設定だ。荷物の積み下ろしは大阪難波駅と近鉄名古屋駅のみとなり、途中駅での積み下ろしは行なわない。

気になる荷物の種類だが、書類や工業製品、日用品などの商品を想定。あくまでも、企業間取引である「BtoB」を想定したサービスなので、個人間も対象とした国鉄の鉄道小荷物とは似ているようで異なる。

また、127ページで紹介したように、近鉄では新鮮な魚介類を輸送する鮮魚列車が有名だが、運送会社とタッグを組み、特急列車を用いる点が異なる。鮮魚列車とはまったく別のサービスと考えたほうがいい。

なぜ、近鉄は荷物輸送をスタートさせたのだろうか。その答えは、新型コロナ禍が大きく関係している。

近鉄のみならず、鉄道会社は新型コロナ禍により、軒並み大幅に利用客数を減らした。「在宅勤務」という単語が社会にある程度根付いたいま、コロナ禍前の利用客数に戻ることは難しい。そこで、鉄道を利用した新たなサービスとして荷物輸送をスタートさせたというわけだ。

運送会社のメリットも大きい。荷物輸送は翌日配達が主流だが、「アーバンライナー」を利用することで、名阪間での当日配達が可能になった。つまり、速達性で他社に対して優位に立てるというわけだ。

さらに、運転手不足の悩みも解消される。「アーバンライナー」を活用すれば、少なくとも名阪間での運転手の数は大幅に減らすことができる。

このように見ると、民鉄最長の路線網を誇る近鉄ならではのサービスともいえる。現在は「アーバンライナー」1往復に限られているが、今後は拡大するのではないだろうか。

近鉄と名鉄、速達列車の使い勝手を徹底比較!

名古屋の中心地に乗り入れている私鉄は、近鉄のほかに名古屋鉄道(名鉄)がある。近鉄沿線と名鉄沿線は重複しないが、どちらが便利なのか、気になるところではある。ここでは近鉄と名鉄の比較をしてみたい。

対象とする区間は近鉄名古屋～津(66・5キロメートル)と名鉄名古屋～豊橋(68キロ)だ。津駅がある津市は三重県の県庁所在地ではあるが、人口は四日市市よりも少なく約27万人だ。

一方、豊橋駅がある豊橋市は愛知県東部の中心都市であり、人口は約37万人だ。津市も豊橋市も中京圏の都市であり、名古屋からほぼ同距離に離れているため、比較には好都合である。なお、対象とする時間帯は昼間とする。

近鉄名古屋～津間の所要時間は特急「ひのとり」で44分、主要駅に停車する乙(おつ)特急で49分となる。表定速度は「ひのとり」が91キロ、乙特急は81キロとなる。「ひのとり」は原則として近鉄名古屋～津間はノンストップだ。特別料金不要の急行は62分を要する。

運賃は普通運賃が１２１０円だ。特急券は９２０円＋「ひのとり」特別車両券は１００円のため、普通運賃を合算すると「ひのとり」（レギュラー車両）は２２３０円、「ひのとり」以外の特急は２１３０円となる。なお、近鉄名古屋〜津間に特化した割引きっぷは販売されていない。昼間時間帯の１時間あたりの運行本数は特急が４本、急行が３本となり、近鉄名古屋〜津間の直通列車は急行よりも特急のほうが多い。

対して、名鉄名古屋〜豊橋間の所要時間は快速特急で49分、特急で53分となる。表定速度は快速特急83キロ、特急は77キロだ。快速特急は「ひのとり」のようにノンストップではなく、金山（かなやま）、神宮

名古屋鉄道の快速特急

前、知立（ちりゅう）、東岡崎に停車する。急行は65分を要する。

名鉄名古屋～豊橋間の運賃は１２７０円。ただし、近鉄と異なる点は快速特急・特急にリクライニングシート車両の「特別車」が連結されていることだ。「特別車」に乗車するには４５０円を要し、計１７２０円となる。

名鉄では、名鉄名古屋～豊橋間に特化した割引きっぷ「なごや特割2平日」「なごや特割2土休日」を販売する。いずれも片道乗車券2枚1セットとなり、「なごや特割2平日」は1枚あたり８９０円、「なごや特割2土休日」は1枚あたり７８０円だ。このあたりは並行するＪＲ東海道本線とのし烈な競争を感じさせる。豊橋駅直通の運行本数は快速特急・特急が計4本、急行は計2本だ。

このように見ていくと、運賃は普通運賃だと近鉄のほうが安いが、トータル的には名鉄に軍配が上がる。とくに土休日だと４３０円もの差がある。速達性では近鉄が有利といった感じだ。やはり、「ひのとり」の近鉄名古屋～津間のノンストップは大きい。

運行本数の比較はなかなか難しい。単純に数えるなら近鉄の勝利だが、名鉄は快速特急・特急でも自由席車両は特別料金が不要だ。

近年は近鉄、名鉄ともに普通運賃の改定に踏み切った。運賃改定はコロナ禍以降の鉄道業界のトレンドであり、致し方ないといった感じだ。

大阪のランドマークとしてそびえ立つ「あべのハルカス」

２０２３（令和５）年７月、東京都港区に高さ約３３０メートルの「麻布台ヒルズ森ＪＰタワー」が完成したことにより、近鉄不動産が運営する「あべのハルカス」は日本一の高さを誇るビルではなくなった。それでも、日本一高い駅ビルであり、大阪のランドマークであることに変わりはない。

あべのハルカスは大阪阿部野橋駅の駅ビルであり、高さは地上３００メートル。開業年は２０１４（平成26）年で、当時は地上２９６メートルの横浜ランドマークタワーをギリギリで抜き、高さ日本一のビルに躍り出たのだ。

延床面積は約30万平方メートル、地下５階・地上60階となっている。百貨店、オフィス、ホテルのほかに美術館や展望室もあり、阿部野橋・天王寺エリアにある観光施設ともいえる。

じつは、超高層ビルというものは好き勝手に建てることができない。障害の１つに挙げられるのが航空法だ。航空法第49条では、航空機の安全な航行のために空港周辺の建築物に高さ制限を課している。

　大阪市内の大部分は大阪国際空港（伊丹空港）があるため、航空法を否応（いやおう）なしに意識せざるを得ない。事実、あべのハルカス計画時は高さ約270メートルで設計されていた。阿部野橋のエリアには高さ290メートルという制限があり、さらにあべのハルカスは上町（うえまち）台地の上にあるため、台地分を差し引いた高さ270メートルで計画されていた。

　しかしここで、近鉄にとっては幸運な「規制緩和の風」が吹いてきた。2007（平成19）年に阿倍野エリアの高さ制限が撤廃されたのだ。この規制撤廃により、「日本一高いビル」を目指すことになり、21年ぶりに記録を塗り替えた高さ300

駅ビルとしては日本一の高さを誇る「あべのハルカス」

メートルのビルが完成したのだ。

現実として、関東と関西との格差が広がるなか、関西が関東・全国に対して数少ない誇れるものが「日本一高いビル」だった。残念ながら、「日本一高いビル」は再度、関東に譲るかたちとなった。さすがに、近鉄が高さ330メートルを超す超高層ビルを新たに建設することは難しいだろうが、何か新しいかたちで「日本一」が生まれることを期待している。

伝説の球団「近鉄バファローズ」の歩み

近鉄は2004（平成16）年まで、プロ野球のパシフィック・リーグ（パ・リーグ）に所属する球団を保有していた。それが「大阪近鉄バファローズ」である。

球団創設は戦後の1949（昭和24）年で、かつての在阪4球団（近鉄、阪神、阪急、南海）のなかでもっとも若い球団であった。55年の歴史を有したが、日本一になったことは一度もない。

1949年の球団創立時の球団名は近鉄パールズだった。「パール」は伊勢志摩の真珠から命名されたという。ちなみに、近鉄の社史ではチーム名が「近鉄パールズ」

となっているが、日本野球機構の資料では「近鉄パールス」と表記されている。どちらが正しいのか判断が難しいため、ここでは近鉄社史にもとづき「近鉄パールズ」と表記したい。

せっかくの新球団だったが、選手は東京六大学の選手ばかりでプロ野球経験者が少なかった。だからというわけではないかもしれないが、近鉄パールズはとにかく弱かった。１９５８（昭和33）年シーズンの成績は29勝97敗４分である。

そこで当時のオーナーが、巨人軍の人気選手であった千葉茂を監督に招いた。千葉のニックネームは「猛牛」であり、公募でも人気が高かったことから球団名が「近鉄バファロー」に変わり、１９６２（昭和37）年に「近鉄バファローズ」となった。

球団名が変わり、心機一転といきたいところだったが、チームの成績は上向かなかった。とくに１９６１（昭和36）年シーズンは36勝１０３敗１分という屈辱的な結果に終わった。この１０３敗という記録はプロ野球のシーズン最多敗戦数であり、いまだに破られていない。

近鉄バファローズが強くなったのは１９７０年代からであり、１９７９（昭和54）年、１９８０（昭和55）年にパ・リーグを連覇。「いてまえ打線」と呼ばれる強力打線は近鉄バファローズの代名詞となったが、日本シリーズでは、両年とも広島カープに敗れる結果となった。

そして、いまなお語り継がれる伝説が「10・19」である。1988(昭和63)年10月19日、場所は当時のロッテオリオンズ(現・千葉ロッテマリーンズ)の本拠地、川崎球場であった。ふだんの川崎球場はガラガラだったが、このときは超満員の観衆でスタンドが埋めつくされた。

この日は、近鉄対ロッテのダブルヘッダーが組まれていた。1988年のペナントレースはもつれにもつれ、このダブルヘッダーで近鉄が連勝すれば近鉄が優勝。近鉄が1試合でも負けるか引き分けの場合は、西武ライオンズ(現・埼玉西武ライオンズ)の優勝となる。

ダブルヘッダー第1試合は4対3で近鉄が勝った。第2試合は8回表に近鉄が1点を勝ち越し、4対3に。しかし、8回裏にロッテが1点を入れ同点とした。試合はそのまま、引き分けに終わり、西武ライオンズの優勝となった。

「10・19」の翌年、1989(平成元)年シーズンは近鉄がパ・リーグを制覇し、見事にリベンジを果たした。そして、日本シリーズは読売巨人軍と戦い、近鉄が初戦から3連勝。近鉄ファンの誰しもが初の日本一を疑わなかったが、そこから巨人が怒濤(どとう)の4連勝。またしても、近鉄は日本一を果たせなかったのだ。

２００１（平成13）年が最後のリーグ優勝となり、２００４年に球団は消滅する。選手は、オリックスブルーウェーブ（現・オリックスバファローズ）と新規加入の東北楽天ゴールデンイーグルスへそれぞれ配属された。

球団消滅の一因となったのが本拠地である。近鉄バファローズは長年にわたり本拠地を南大阪線の藤井寺（ふじいでら）駅を最寄（もよ）りとする藤井寺球場に置いていた。１９９７（平成9）年に大阪ドーム（現・京セラドーム大阪）に移転したが、近鉄線からダイレクトにアクセスできないことが災いし、観客動員数が落ちこんだのである。

現在は、近鉄線と相互直通運転をする阪神なんば線のドーム前駅が京セラドーム大阪の最寄り駅となっている。この相互直通運転がもう少し早く実現していたら、球団消滅という近鉄の選択も、もしかしたらなかったのかもしれない。

志摩スペイン村の人気が急上昇した秘密

テーマパーク「志摩スペイン村」は三重県志摩市にあり、最寄り駅は近鉄志摩線の鵜方（うがた）駅である。運営は近鉄グループの株式会社志摩スペイン村が担（にな）う。志摩スペイン村は正真正銘（しょうしんしょうめい）、近鉄のテーマパークなのだ。

2023（令和5）年は志摩スペイン村にとって素晴らしい1年だった。何しろ、2月〜3月の来場者数は23万6000人を記録。新型コロナ禍もあったが、前年比約1・9倍は驚きの数字だ。

また、園内で販売しているチュロスは例年の約33倍にあたる1日平均1000本が売れた。いったい、志摩スペイン村に何が起きたのだろうか。

じつは、志摩スペイン村では2023年2月から4月にかけて、有名VTuber「周央(すおう)サンゴ」（サンゴ）さんとのコラボイベントを実施した。そもそも、サンゴさんと志摩スペイン村との出会いは、新型コロナ禍の渦中(かちゅう)にあった2021（令和3）年12月にさかのぼる。

園内は南スペインの街並みが再現されている

サンゴさんは友人と念願の志摩スペイン村を訪れ、その模様をYouTubeで配信。志摩スペイン村の魅力を語りつつ、キャラクターも詳細に紹介。一方、最寄りの鵜方駅が「派手な駅ではない」などのストレートな感想が話題となった。

また、2022（令和4）年5月には志摩スペイン村を再訪し、90分にわたる配信のなかでアミューズメント施設としての志摩スペイン村を高く評価。配信後、SNSで「志摩スペイン村」がトレンド入りした。

一方、志摩スペイン村側はサンゴさんが訪れたことを知らず、社長は深夜に「志摩スペイン村」がトレンド入りしたことに気づいたという。

そこから、サンゴさんの存在を知り、その後も志摩スペイン村がトレンド入りしたことから、2022年12月にサンゴさんがバーチャルアンバサダー（広報大使）に就任。

そして、先述したコラボイベント「みなさま～（広報大使）志摩スペインゴ村へ、来て！」の実施に至ったのである。

コラボイベントでは、サンゴさんのパネルが園内で飾られ、コラボグッズが販売された。一方、従来からの志摩スペイン村のファンにも配慮がなされ、アニメーションの上映でもオリジナル版とサンゴさん副音声のバージョンが用意された。

このように、工夫されたイベントのおかげで多大な功績を残したのである。2024（令和6）年も、VTuber壱百満天原（ひゃくまんてんばら）サロメさんも加わるかたちで2月から5月にかけてコラボイベントを実施した。

長らく、志摩スペイン村は2001（平成13）年にオープンしたユニバーサル・スタジオ・ジャパンなどの影響により、苦戦が続いていた。ようやく、苦難の時代に終止符を打ち、新たな時代を迎えた感がある。

＊本書の情報は2024年4月現在のものです

◉左記の文献等を参考にさせていただきました――

『近畿日本鉄道100年のあゆみ1910～2010』『近鉄時刻表第44号』（以上、近畿日本鉄道）／『こんなに面白い！近鉄電車100年――その巨大さと複雑な歴史をひもとく』寺本光照、『近鉄特急の世界』（以上、交通新聞社）／『近鉄とファン大研究読本』久野知美（カンゼン）／『鉄道まるわかり014 近畿日本鉄道のすべて』（天夢人）／『近鉄沿線ディープなふしぎ発見』天野太郎（実業之日本社）／『まるごと近鉄ぶらり沿線の旅』寺本光照（東京アカデミー七賢出版）／『私鉄の車両（1）近畿日本鉄道（Ⅰ）』『私鉄の車両（13）近畿日本鉄道（Ⅱ）』（以上、保育社）／『関西新快速物語』寺本光照・福原俊一、『近鉄電車』三好好三、『JTB私鉄時刻表 関西東海2024』（以上、JTBパブリッシング）／『鉄道の基礎知識［増補改訂版］』所澤秀樹（創元社）／『地図と鉄道省文書で読む私鉄の歩み関西2 近鉄・南海』今尾恵介（白水社）／『鉄道ジャーナル』各号（鉄道ジャーナル社）／『鉄道ピクトリアル』各号（電気車研究会）／『鉄道ファン』各号（交友社）／近畿日本鉄道ホームページ／東洋経済オンライン／マイナビニュース／各鉄道会社ホームページほか

KAWADE
夢文庫

日本最大の私鉄
近鉄
知らなかった凄い話

二〇二四年五月三〇日　初版発行

著者……………新田浩之
企画・編集……夢の設計社
〒162-0041 東京都新宿区早稲田鶴巻町五四三
☎〇三―三二六七―七八五一（編集）

発行者…………小野寺優
発行所…………河出書房新社
〒162-8544 東京都新宿区東五軒町二―一三
☎〇三―三四〇四―一二〇一（営業）
https://www.kawade.co.jp/

装幀……………こやまたかこ
印刷・製本……中央精版印刷株式会社
DTP……………アルファヴィル

Printed in Japan ISBN978-4-309-48602-4

本書についてのお問い合わせは、夢の設計社までお願いいたします。